Die Reihe »Spirituelle Wege« präsentiert essentielle Texte aus verschiedenen Zeiten, Kulturen und Religionen. Alle Titel verbindet eine gemeinsame Botschaft: Der Grund unseres Universums ist eine umfassende liebende Kraft, die unser Begriffsvermögen übersteigt und der wir uns daher nur durch partielle spirituelle und geistige Erkenntnisse nähern können.

Die vorliegenden Weisheitsbücher entstammen folgenden Kulturen und Religionen: Konfuzianismus, Hinduismus, Christentum, Judentum und Islam. Als Klassiker der Spiritualität sprechen neun Bände dieser Reihe unseren Geist und unsere Seele an. Damit aber auch der Körper, »das Haus des Geistes«, genährt wird, enthält »Spirituelle Wege«, stellvertretend für andere körperorientierte Techniken, ein Buch über Qi-Gong. Wenn wir uns im Grenzbereich zwischen Körper und Geist bewegen, stellen wir fest, daß Materie und Geist keine Gegensätze sind, sondern verschiedene Ausdrucksebenen *einer* Kraft.

Mit dieser Pocketreihe wünschen wir Ihnen gute Reise auf *Ihrem Weg*.

SPIRITUELLE WEGE

Herausgegeben
von Gerhard Riemann

Paramahansa Yogananda

DAS WISSEN DER MEISTER

Eine Auswahl aus seinen Schriften

Lizenzausgabe September 1994
Droemersche Verlagsanstalt Th. Knaur Nachf., München
Diese Lizenzausgabe ist autorisiert durch

 *International Publication
Council Self-Realization
Fellowship*, USA

in Zusammenarbeit mit Scherz Verlag, Bern und München
(für Otto Wilhelm Barth Verlag).
Der in diesem Band enthaltenen Textauswahl liegen die folgenden
Werke von Paramahansa Yogananda zugrunde:

S. 9–60, 171–181 aus: Worte des Meisters, 8. Auflage 1993
Originaltitel »Sayings of Yogananda«
Originalverlag Self-Realization Fellowship, Los Angeles, Kalifornien
Copyright © 1973 by Self-Realization Fellowship

S. 141–170 aus: Religion als Wissenschaft, 6. Auflage 1993
Originaltitel »The Science of Religion«
Originalverlag Self-Realization Fellowship, Los Angeles, Kalifornien
Copyright © 1953, 1993 by Self-Realization Fellowship

S. 103–140 aus: Meditationen zur Selbstverwirklichung, 11. Auflage 1994
Originaltitel »Metaphysical Meditations«
Originalverlag Self-Realization Fellowship, Los Angeles, Kalifornien
Copyright © 1964, 1994 by Self-Realization Fellowship

S. 62–102 aus: Wissenschaftliche Heilmeditationen, 8. Auflage 1986
Originaltitel »Scientific Healing Affirmations«
Originalverlag Self-Realization Fellowship, Los Angeles, Kalifornien
Copyright © 1958, 1962 by Self-Realization Fellowship

Die Abbildungen (S. 7, 61, 87, 99, 137, 169) sind dem folgenden Werk
von Paramahansa Yogananda entnommen:
Autobiographie eines Yogi, 19. Auflage 1993
Originaltitel »Autobiography of a Yogi«
Originalverlag Self-Realization Fellowship, Los Angeles, Kalifornien
Copyright © 1946 by Paramahansa Yogananda,
1974, 1981 by Self-Realization Fellowship

Alle Rechte sind vorbehalten. Mit Ausnahme von kurzen Zitaten in Buchbesprechungen dürfen keine Auszüge in irgendeiner Form ohne schriftliche Erlaubnis der Self-Realization Fellowship, 3880 San Rafael Avenue, Los Angeles, Kalifornien, 90065, USA, weitergegeben oder reproduziert werden. Dies schließt die Aufnahme oder Wiedergabe durch elektronische, mechanische, photomechanische oder anderweitige Mittel wie Tonträger jeder Art ein sowie die Speicherung in elektronischen Datenverarbeitungsanlagen und Speicherungssystemen jeglicher Art.

Umschlaggestaltung Graupner & Partner, München
Satz DTP ba · br
Druck Himmer, Augsburg
Bindung AIB, Augsburg
Printed in Germany
ISBN 3-426-86071-6

2 4 5 3 1

Inhalt

Teil I
WORTE DES MEISTERS

Einführung 9
Worte des Meisters 13

Teil II
WISSENSCHAFTLICHE HEILMEDITATIONEN

Die Wirkungskraft der Heilmeditationen . 62
Die Lebenskraft bewirkt die Heilung . . . 69
Heilung des Körpers, des Geistes und
der Seele 77
Die Technik der Heilmeditation 89
Kombinierte Methoden 97
Überwindung schlechter Gewohnheiten . 101

Teil III
MEDITATIONEN ZUR
SELBSTVERWIRKLICHUNG

Liebe und Anbetung 103
Erweiterung des Bewußtseins 106

Materielle Anliegen 120
Gebet für eine Vereinigte Welt 139

Teil IV
RELIGION ALS WISSENSCHAFT

Vier grundlegende religiöse Methoden . . 141

Glossar 171
Über den Autor 182
Paramahansa Yogananda – ein Yogi im
Leben und im Tod 185
Das geistige Erbe Paramahansa
Yoganandas 187
Ziele und Ideale der Self-Realization
Fellowship 189

Paramahansa Yogananda
(1893–1952)

Teil I
WORTE DES MEISTERS

Einführung

Wen darf man zu Recht einen Meister nennen? Ein durchschnittlicher Mensch ist dieses Titels sicher nicht würdig. Und nur selten erscheint auf der Erde einer aus der Gemeinschaft der Heiligen, auf den sich der Meister aus Galiläa bezog, als er sprach: »Wer an mich (das Christusbewußtsein) glaubt, wird die Werke auch tun, die ich tue.«*

Menschen werden Meister, wenn sie über das kleine Ich siegen, wenn sie alle Wünsche ausmerzen außer dem einen: der Sehnsucht nach Gott; wenn sie sich Ihm von ganzem Herzen hingeben, wenn sie tief meditieren und ihre Seele mit dem allumfassenden GEIST vereinigen. Derjenige, dessen Bewußtsein unerschütterlich in Gott, der ein-

---

* *Johannes 14, 12*

zigen Wirklichkeit, ruht, kann mit Recht ein Meister genannt werden.

Paramahansa Yogananda, der Meister, dessen Worte hier liebevoll aufgezeichnet worden sind, war ein Weltlehrer. Er zeigte die Wesenseinheit aller heiligen Schriften auf und war bestrebt, Ost und West durch das dauerhafte Band geistigen Verstehens zu verknüpfen. Durch sein Leben und seine Schriften entzündete er in zahllosen Herzen den heiligen Funken der Gottesliebe. Er lebte furchtlos nach den höchsten Grundsätzen der Religion und verkündete, daß alle Gottsucher, ungeachtet ihres Glaubensbekenntnisses, dem Himmlischen Vater gleich teuer sind.

Ein Universitätsstudium und viele Jahre der geistigen Schulung in seinem Geburtsland Indien – unter der spartanischen Zucht seines religiösen Lehrers oder Gurus Swami Sri Yukteswar – bereiteten Paramahansa Yogananda auf seine Sendung im Westen vor. Im Jahre 1920 nahm er als Vertreter Indiens an einem Kongreß der freireligiösen Bewegungen in Boston teil und blieb dann mehr als dreißig Jahre lang in Amerika (abgesehen von einer Reise nach Indien in den Jahren 1935/36).

Seinem Bemühen, die Sehnsucht nach der Vereinigung mit Gott in den Menschen zu erwecken, war beispielloser Erfolg beschieden. In Hunderten von Städten unterrichtete er die größten Yogaklassen der Welt und weihte persönlich hunderttausend Schüler in den Yoga* ein.

Für jene, die dem Weg der Entsagung folgen wollten, gründete der Meister in Südkalifornien mehrere Aschram-Zentren der *Self-Realization Fellowship*. Viele Wahrheitssucher studieren und arbeiten dort und üben sich täglich in der Meditation, die den Geist beruhigt und das höhere Bewußtsein der Seele weckt.

Folgender Vorfall aus dem Leben des Meisters in Amerika zeigt, wie liebevoll Yogananda von Menschen aufgenommen wurde, deren Sinn für das Geistige schon weit entwickelt war:

Auf einer Reise durch verschiedene Teile der Vereinigten Staaten besuchte Yoganandaji eines Tages ein christliches Kloster. Als die Brüder seine dunkle Hautfarbe, sein langes schwarzes Haar und das ockerfarbene Gewand – die traditionelle Tracht der Mönche des Swamiordens** – sahen, empfingen sie ihn mit einem gewissen Argwohn. Sie hielten ihn für einen Heiden und wollten ihm gerade die Audienz beim Abt verweigern, als dieser gütige Mann selbst den Raum betrat. Mit strahlendem Gesicht und offenen Armen ging er auf Paramahansaji*** zu,

---

* Siehe Glossar
** Siehe Glossar
*** Siehe »ji« im Glossar

umarmte ihn und rief aus: »Sie hat Gott geschickt! Wie freue ich mich, daß Sie gekommen sind!«

Dieses Buch gewährt uns einen Einblick in Yoganandas vielgestaltiges Wesen, in sein mitfühlendes Verständnis für die Menschen und seine grenzenlose Liebe zu Gott.

Worte des Meisters

»Was soll ich tun, Sir, um Gott zu finden?« fragte ein Schüler. Der Meister sagte:

»Vertiefe dich während jeder freien Minute in den Gedanken an Seine Unendlichkeit. Sprich zu Ihm wie zu einem innigen Vertrauten. Er ist der Nächste der Nächsten, der Liebste der Lieben. Liebe Ihn wie ein Geizhals sein Geld, wie ein feuriger Liebhaber seine Geliebte, wie ein Ertrinkender die Luft. Wenn du dich so intensiv nach Gott sehnst, wird Er zu dir kommen.«

Ein Schüler beklagte sich beim Meister darüber, daß er keine Arbeit finden könne. Der Guru sagte:

»Halte nicht an diesem negativen Gedanken fest. Du bist ein Teil des Universums und hast eine wesentliche Aufgabe darin zu erfüllen. Wenn nötig, rüttle die ganze Welt auf, um dir Arbeit zu beschaffen! Laß nicht locker, bis es dir gelingt.«

»Ich wünschte, ich könnte glauben, Meister«, sagte ein Mann. Paramahansaji erwiderte:

»Der Glaube muß gepflegt – oder besser: in uns entdeckt werden. Er ist vorhanden, doch wir müssen ihn selbst erwecken. Wenn Sie Ihr Leben überdenken, werden Sie erkennen, wie vielfältig Gott darin wirkt, und das wird Ihren Glauben stärken. Nur wenige Menschen suchen nach Seiner verborgenen Hand. Die meisten halten die Ereignisse des Lebens für naturgegeben und unumgänglich und ahnen nicht, welch tiefgreifende Veränderungen durch das Gebet möglich sind.«

Eine Jüngerin fühlte sich jedesmal verletzt, wenn ihre Fehler gerügt wurden. Eines Tages sagte ihr Paramahansaji:

»Warum beschwerst du dich, wenn du zurechtgewiesen wirst? Bin ich nicht dazu da? Mein Guru tadelte mich oft vor anderen. Ich lehnte mich nie dagegen auf, denn ich wußte, daß Sri Yukteswarji nur meine Unwissenheit ausmerzen wollte. Jetzt bin ich nicht mehr empfindlich gegen Kritik; es gibt keine wunden Stellen mehr in mir, die weh tun, wenn jemand sie berührt.

Deshalb spreche ich ganz offen über deine Schwächen. Heilst du die wunden Stellen in deinem Geist nicht aus, wirst du jedesmal zusammenzucken, wenn jemand daran rührt.«

Der Meister sagte einer Gruppe von Jüngern:

»Gott hat uns diesen Besuch auf der Erde ermöglicht; aber die meisten von uns verhalten sich wie unerwünschte Gäste, indem sie gewisse Dinge als ihr Eigentum betrachten. Wir vergessen, daß wir uns nur vorübergehend hier aufhalten, und hängen unser Herz an viele Dinge: ›mein Haus‹, ›meine Arbeit‹, ›mein Geld‹, ›meine Familie‹.

Wenn jedoch unser Visum für die Erde abläuft, werden alle menschlichen Bindungen gelöst. Dann müssen wir alles, was wir zu besitzen glaubten, zurücklassen. Der Einzige, der uns überallhin begleitet, ist unser Ewiger Vater: Gott.

Erkennt *jetzt*, daß ihr die Seele seid – und nicht der Körper. Warum warten, bis der Tod euch diese harte Lehre erteilt?«

Der Meister hatte es für nötig befunden, einen seiner Jünger, der einen schweren Fehler begangen hatte, zu schelten. Später sagte er seufzend:

»Ich möchte andere nur durch Liebe lenken. Wenn ich gezwungen bin, andere Mittel anzuwenden, bin ich hinterher immer ganz erschöpft.«

Einmal versuchte ein arroganter Intellektueller, der sich über verwickelte philosophische Probleme mit dem Meister unterhielt, diesen in Verlegenheit zu bringen. Paramahansaji sagte lächelnd:

»Die Wahrheit fürchtet sich nie vor Fragen.«

»Meine Fehler sind zu tief verwurzelt, als daß ich irgendwelche geistigen Fortschritte machen könnte«, gestand ein Schüler Paramahansaji traurig. »Der Kampf gegen meine schlechten Gewohnheiten ist so anstrengend, daß ich ganz erschöpft bin.«

»Fällt es dir morgen etwa leichter, dagegen anzugehen, als heute?« fragte der Meister. »Warum den alten Fehlern täglich neue hinzufügen? Einmal mußt du doch zu Gott zurückkehren; ist es darum nicht besser, das jetzt zu tun? Gib dich Ihm ganz einfach anheim, und sag Ihm: ›Herr, ich bin Dein Kind, ob gut oder böse; Du mußt für mich sorgen.‹ Wenn du es stets von neuem versuchst, wirst du dich bessern. Ein Heiliger ist ein Sünder, der nie aufgab.«

»Die Menschen verfallen dem Bösen«, sagte der Meister, »weil sie keine innere Freude kennen. Wer über Gott, den Inbegriff der Seligkeit, meditiert, wird von Seiner Güte durchdrungen.«

»Körper, Geist und Seele sind eng miteinander verbunden«, sagte der Meister. »Ihr habt dem Körper gegenüber eine Pflicht: ihn gesund zu erhalten; ihr habt dem Geist gegenüber eine Pflicht: seine Fähigkeiten zu entwickeln; und ihr habt der Seele gegenüber die Pflicht, täglich über den Ursprung eures Wesens zu meditieren. Wenn ihr eure Pflicht der Seele gegenüber erfüllt, werden Körper und Geist ebenfalls Nutzen daraus ziehen; wenn ihr jedoch eure Seele vernachlässigt, werden schließlich auch Körper und Geist darunter leiden.«

»Jedes Wesen in der Schöpfung besitzt Individualität«, sagte der Meister. »Der Schöpfer wiederholt sich nie. Ähnlich gibt es auch bei der Gottsuche des Menschen eine unendliche Vielfalt von Annäherungs- und Ausdrucksmöglichkeiten. Das Liebesabenteuer jedes Gottsuchers ist einzigartig.«

»Verhilft Ihre Schulung anderen dazu, mit sich selbst in Frieden zu leben?« fragte ein Besucher. Yoganandaji antwortete:
»Ja, aber das ist nicht der Kern meiner Lehre. Wichtiger ist es, mit Gott in Frieden zu leben.«

Ein Besucher der Einsiedelei äußerte seine Zweifel an der Unsterblichkeit des Menschen. Der Meister sagte:
»Versuchen Sie sich klarzumachen, daß Sie ein göttlicher Wanderer sind. Sie leben nur für kurze

Zeit hier und reisen dann in eine ganz andere, faszinierende Welt* weiter. Begrenzen Sie Ihren Gesichtskreis nicht auf ein kurzes Leben und *eine* kleine Erde. Rufen Sie sich vielmehr die Unermeßlichkeit des GEISTES in Erinnerung, der in Ihnen wohnt.«

»Mensch und Natur sind durch ein gemeinsames Schicksal unlöslich miteinander verbunden«, sagte der Meister. »Die Kräfte der Natur wirken zusammen, um dem Menschen zu dienen; Sonne, Erde, Wind und Regen verschaffen ihm seine Nahrung. Der Mensch lenkt die Natur, wenn auch meist unbewußt. Überschwemmungen, Orkane, Erdbeben und andere Naturkatastrophen werden durch die unzähligen falschen Gedanken der Menschen hervorgerufen. Jede Blume am Wegrand drückt das Lächeln eines Menschen aus, und jeder Moskito ist die Verkörperung verletzender Worte.

Die Dienerin Natur wird aufsässig und widerspenstig, wenn der Herr der Schöpfung schläft. Je mehr er geistig erwacht, um so leichter kann er sie beherrschen.«

»Gießt man Milch in Wasser, so vermischt sie sich mit diesem; Butter jedoch, die aus Milch her-

---

* Siehe »Astralwelt« im Glossar

gestellt wird, schwimmt auf dem Wasser«, sagte der Meister. »Ähnlich lösen sich die milchigen Gedanken des Durchschnittsmenschen rasch im Wasser der Täuschung* auf. Ein geistiger Mensch jedoch, der sich in Selbstdisziplin übt, ›buttert‹ die Milch seines Denkens, bis sie göttliche Festigkeit erlangt hat. Dann ist er frei von irdischen Wünschen und Bindungen, kann heiter auf dem Wasser weltlichen Lebens schwimmen und seine Aufmerksamkeit immer auf Gott richten.«

Als eine gewisse Schülerin krank wurde, riet ihr Paramahansaji, einen Arzt aufzusuchen. Da fragte ihn eine Jüngerin:

»Meister, warum hast Du sie nicht selbst geheilt?«

»Wer von Gott die Fähigkeit des Heilens erhalten hat, wendet sie nur an, wenn Er es ihm aufträgt«, antwortete der Guru. »Der Herr weiß, daß es manchmal nötig für Seine Kinder ist zu leiden. Menschen, die sich nach göttlicher Heilung sehnen, sollten sich bemühen, im Einklang mit Gottes Gesetzen zu leben. Eine dauerhafte Heilung ist nicht möglich, wenn jemand immer wieder dieselben Fehler macht und dadurch einen Rückfall in seine Krankheit verursacht.

Wahre Heilung kann nur durch tiefe geistige

---

*   Siehe *Maya* im Glossar

Einsicht erlangt werden«, fuhr er fort. »Die Tatsache, daß der Mensch seine wahre Natur – die Seele – nicht kennt, ist die eigentliche Ursache aller anderen Übel – der körperlichen, materiellen und geistigen.«

»Sir, ich scheine überhaupt keine Forschritte in der Meditation zu machen. Ich höre und sehe nie etwas«, sagte ein Schüler.

Der Meister erwiderte: »Suche Gott um Seiner Selbst willen! Die höchste Gotteserfahrung ist die Glückseligkeit, die man aus der unergründlichen Tiefe des eigenen Herzens aufsteigen fühlt. Trachte nicht nach Visionen, Wundererscheinungen oder phantastischen Erlebnissen. Der Weg zu Gott ist kein Zirkus!«

»Das ganze Universum ist aus dem GEIST hervorgegangen«, sagte der Meister zu einer Gruppe von Jüngern. »Sterne, Steine, Bäume und Menschen bestehen aus derselben Einen Substanz: Gott. Um eine mannigfaltige Schöpfung ins Leben zu rufen, mußte der Herr jedem Ding den *Anschein* von Individualität verleihen.

Wir würden des irdischen Schauspiels bald müde werden, wenn wir erkennen könnten, daß es nur *eine* Person ist, die das Stück herausbringt, das Manuskript schreibt, das Bühnenbild malt, Regie führt und alle Rollen spielt.

Doch ›die Vorstellung muß weitergehen‹; deshalb hat der Meister-Dramatiker im ganzen Kosmos eine unvorstellbare Erfindungsgabe und unerschöpfliche Vielfalt an den Tag gelegt. Er hat dem Unwirklichen scheinbare Wirklichkeit verliehen.«

»Meister, warum muß die Vorstellung weitergehen?« fragte ein Schüler.

»Das ist Gottes *Lila* – Sein Spiel oder Zeitvertreib«, antwortete der Guru. »Er hat das Recht, sich in zahllosen Formen auszudrücken, wenn Er es so wünscht. Für den Menschen kommt es vor allem darauf an, daß er die Täuschung durchschaut. Wenn Gott sich nicht in die Schleier der *Maya* hüllte, gäbe es kein Kosmisches Schöpfungsdrama. Wir dürfen Versteck mit Ihm spielen und nach Ihm suchen, bis wir Ihn finden und den Großen Preis gewinnen.«

Zu einer Gruppe von Jüngern sagte der Meister: »Ich weiß, daß ich auch dann, wenn ich nichts mehr besäße, in jedem von euch einen Freund hätte, der alles für mich tun würde. Und ihr wißt, daß ihr in mir einen Freund habt, der euch auf jede erdenkliche Weise hilft. Wir sehen Gott im anderen. Es ist das schönste Verhältnis, das es zwischen Menschen geben kann.«

Der Meister bestand gewöhnlich darauf, daß die Jünger in seiner Gegenwart Schweigen bewahrten, und erklärte dazu: »Aus der Tiefe des Schweigens schießt der Geiser unerschöpflicher göttlicher Seligkeit empor und überflutet den ganzen Menschen.«

Die Jünger betrachteten es als ihr Vorrecht, dem Guru, der unaufhörlich um ihr Wohlergehen bemüht war, einen Dienst zu erweisen. Zu einigen von ihnen, die eben eine Arbeit für ihn erledigt hatten, sagte der Meister:

»Ihr seid alle so rührend um mich besorgt und erweist mir so viele Aufmerksamkeiten.«

»O nein, Meister! Du bist es, der so sehr um uns besorgt ist«, rief ein Jünger aus.

»Gott hilft Gott«, sagte Paramahansaji mit seinem lieben Lächeln. »Das ist die ›Handlung‹ in Seinem Drama menschlichen Lebens.«

»Jedem Wunsch entsagen – sein Ich überwinden – das klingt alles sehr negativ, Meister«, bemerkte ein Schüler. »Wenn ich so viel aufgebe, was bleibt mir dann noch übrig?«

»In Wirklichkeit alles, weil du dann reich im GEIST bist – der Substanz, die alles enthält«, erwiderte der Meister. »Dann bist du kein umherirrender Bettler mehr, der sich mit einem trockenen Stück Brot und ein paar körperlichen Bequemlichkeiten zufriedengibt, sondern hast die erhabene Stellung wiedergewonnen, die einem Sohn des Unendlichen Vaters zusteht. Das ist durchaus kein negativer Zustand!«

Er fügte hinzu: »Wer das kleine Ich überwindet, bringt sein wahres Selbst zum Leuchten. Man kann den Zustand göttlicher Verwirklichung unmöglich erklären; denn er läßt sich mit nichts anderem vergleichen.«

Um einigen Jüngern die Dreieinigkeit zu erklären, brauchte der Meister folgendes Gleichnis:

»Man kann sagen, daß Gottvater, der sich in der schwingungslosen Leere jenseits aller Erscheinungen befindet, das Kapital ist, das den Bedarf der Schöpfung ›deckt‹: Der Sohn – das intelligente Christusbewußtsein, das den ganzen Kosmos durchdringt – ist die Betriebsleitung. Und der Heilige Geist – die unsichtbare göttliche Schwingungskraft, die alle Erscheinungsformen im Kosmos erzeugt – ist die Arbeiterschaft.«*

»Meister, Du hast uns gelehrt, nicht um bestimmte Dinge zu beten, sondern nur darum, daß Gott sich uns offenbare. Sollen wir Ihn nie um etwas bitten, was wir brauchen?« fragte ein Jünger.

---

* Siehe *Sat-Tat-OM* im Glossar

»Wir können dem Herrn ruhig sagen, was wir uns wünschen«, erwiderte Paramahansaji, »aber es zeugt von größerem Glauben, wenn wir einfach sagen: ›Himmlischer Vater, Du weißt genau, was ich brauche. Erhalte mich nach Deinem Willen.‹

Wenn sich jemand brennend ein Auto wünscht und eindringlich genug darum betet, wird er es schließlich bekommen. Aber der Besitz eines Autos mag nicht das Beste für ihn sein. Manchmal schlägt uns der Herr kleine Bitten ab, weil Er uns etwas Besseres geben will.« Er fügte hinzu: »Vertraue mehr auf Gott. Glaube daran, daß Er, der dich geschaffen hat, auch für dich sorgen wird.«

Ein Jünger, der fühlte, daß er in einer schwierigen geistigen Prüfung versagt hatte, machte sich bittere Vorwürfe. Da sagte ihm der Meister:

»Betrachte dich nicht als Sünder. Dadurch entweihst du das Ebenbild Gottes in dir. Warum willst du dich mit deinen Schwächen identifizieren? Präge dir statt dessen die Wahrheit ein: ›*Ich bin ein Kind Gottes.*‹ Bete zu Ihm: ›Ob gut oder böse, ich bin Dein eigen. Rufe die Erinnerung an Dich wieder in mir wach, o Himmlischer Vater!‹«

»Oft denke ich, daß Gott den Menschen vergißt«, erklärte ein Besucher der Einsiedelei von

Encinitas.* »Der Herr hält sich zweifellos von uns fern.«

»Es ist der Mensch, der sich von Gott fernhält«, antwortete der Meister. »Wer sucht wirklich nach Gott? Die geistigen Tempel der meisten Menschen sind mit den Götzenbildern ruheloser Gedanken und Wünsche angefüllt; an den Herrn denkt kaum einer. Dennoch sendet Er von Zeit zu Zeit Seine erleuchteten Söhne aus, um die Menschen an ihr göttliches Erbteil zu erinnern.

Gott läßt uns nie im Stich. Schweigend bemüht Er sich, Seinen geliebten Kindern auf jede erdenkliche Weise zu helfen und ihren geistigen Fortschritt zu beschleunigen.«

Einem jungen Wahrheitssucher, der ihn um Rat fragte, sagte der Meister folgendes:

»Die Welt verleitet dich zu schlechten Gewohnheiten, aber sie übernimmt keine Verantwortung für die Fehler, die du aufgrund dieser Gewohnheiten begehst. Warum also willst du deine ganze Zeit diesem falschen Freund – der Welt – schenken? Halte dir eine Stunde am Tag für die wissenschaftliche Erforschung deiner Seele frei. Verdient der Herr, dem du dein Leben, deine Familie, dein Geld und alles andere ver-

---

* Encinitas ist eine kleine Küstenstadt in Südkalifornien. Dort befindet sich ein SRF-Aschram-Zentrum, das Yoganandaji im Jahre 1937 gründete.

dankst, nicht einen vierundzwanzigsten Teil deiner Zeit?«

»Sir, warum machen sich einige Leute über die Heiligen lustig?« fragte ein Jünger. Der Meister erwiderte:

»Übeltäter hassen die Wahrheit, und wer ein weltliches Leben führt, gibt sich mit dem Auf und Ab des Lebens zufrieden. Er hat nicht den Wunsch, sich zu ändern; deshalb ist ihm der Gedanke an einen Heiligen unbequem. Man kann ihn mit einem Menschen vergleichen, der jahrelang in einem dunklen Zimmer gelebt hat. Auf einmal kommt jemand herein und schaltet das Licht an. Dem Halbblinden erscheint der plötzliche Glanz unnatürlich.«

Als der Meister eines Tages über Rassenvorurteile sprach, sagte er: »Es gefällt Gott gar nicht, wenn man Ihn beleidigt, nur weil Er Seinen schwarzen Anzug trägt.«

»Wir sollten uns vom Alptraum der Schmerzen nicht zu sehr erschrecken und von den angenehmen Träumen schöner Erlebnisse nicht zu sehr hinreißen lassen«, sagte der Meister. »Wenn wir uns auf diesen unvermeidlichen Dualismus, diese ›Gegensatzpaare‹ der *Maya* konzentrieren, denken wir bald nicht mehr an Gott, den unwandelbaren Zustand der Glückseligkeit. Sobald wir in Ihm erwachen, erkennen wir, daß das irdische Leben nichts als ein Film ist, der aus Licht und Schatten besteht und auf die kosmische Leinwand projiziert wird.«

»Obgleich ich versuche, meinen Geist zu beruhigen, habe ich doch nicht die Kraft, meine rastlosen Gedanken abzuschalten und in die Welt des Inneren zu tauchen«, bemerkte ein Besucher. »Wahrscheinlich fehlt es mir an Hingabe.«

»Wenn Sie nur schweigend dasitzen und Hingabe zu fühlen versuchen, kommen Sie nicht viel weiter«, sagte der Meister. »Deshalb lehre ich wissenschaftliche Meditationstechniken. Üben Sie diese, dann werden Sie Ihren Geist von den ablenkenden Sinneseindrücken und dem unaufhörlichen Strom der Gedanken abschalten können.«

Er fügte hinzu: »Der *Kriya-Yoga* hebt das Bewußtsein auf eine höhere Ebene, so daß Hingabe an den unendlichen GEIST ganz von selbst im menschlichen Herzen erwacht.«

Den Zustand der »Untätigkeit«, der in der Bhagawadgita* erwähnt wird, erläuterte Sri Yoganandaji wie folgt:

»Wenn ein echter Yogi eine Handlung aus-

---

* Siehe Glossar

führt, so ist das, vom Standpunkt des Karmas aus gesehen, wie wenn er ins Wasser schriebe. Keine Spur bleibt zurück.«*

Ein Schüler konnte sich nur schwer vorstellen, daß Gott im menschlichen Körper wohne. Da sagte ihm der Meister:

»Genauso wie eine rotglühende Kohle die Gegenwart des Feuers verrät, so verrät der wunderbare Mechanismus des Körpers die Gegenwart des GEISTES, der ihn erschaffen hat.«

»Einige glauben, daß nur derjenige ein Heiliger sei, der schwere Prüfungen zu bestehen hat. Andere dagegen behaupten, daß jemand, der Gott gefunden hat, frei von allem Leiden sein müsse«, sagte der Meister während eines Vortrags.

»Das Leben eines jeden Meisters verläuft nach einem unsichtbaren Plan. So litt z. B. der heilige Franziskus unter schweren Krankheiten, und der völlig befreite Christus ließ es zu, daß er gekreu-

---

* D. h., daß keine karmische Aufzeichnung stattfindet. Nur ein Meister ist ein freier Mensch und unterliegt keinem Karma mehr (dem unerbittlichen kosmischen Gesetz, das unerleuchtete Menschen für ihre Gedanken und Taten zur Rechenschaft zieht). Als Sri Krischna seinen Jünger Ardschuna aufforderte, auf dem Schlachtfeld zu kämpfen, versicherte er ihm, daß er kein Karma auf sich lade, wenn er als ein Werkzeug Gottes, d. h. ohne egoistische Beweggründe, handle.

zigt wurde, während andere große Heilige wie der heilige Thomas von Aquino und Lahiri Mahasaya* ihr Leben ohne besondere Prüfungen oder Leiden verbrachten.

Die Heiligen erreichen ihre endgültige Erlösung unter ganz verschiedenen Umständen. Ein echter Weiser spiegelt das in seinem Innern ruhende göttliche Ebenbild wider, ganz gleich, was die äußeren Umstände sein mögen. Er spielt jede Rolle, die Gott ihm überträgt, ob sie nun dem Publikumsgeschmack entspricht oder nicht.«

Einer der jungen Mönche in der Einsiedelei trieb gern seinen Spaß mit den anderen. Für ihn war das Leben eine beständige Komödie. Wenn seine Heiterkeit auch manchmal willkommen war, so hinderte sie andere Jünger gelegentlich daran, sich still auf Gott zu konzentrieren. Eines Tages wies Paramahansaji den Jungen milde zurecht.

»Du mußt lernen, gesetzter zu werden«, bemerkte er.

»Ja, Meister«, antwortete der Jünger, der seine Ruhelosigkeit bedauerte. »Aber meine Gewohnheit ist so stark. Wie kann ich mich ohne Deinen Segen ändern?«

Da versicherte ihm der Guru nachdrücklich:

---

* Siehe Glossar

»Mein Segen ist da, und Gottes Segen ist da. Alles, was dir fehlt, ist dein eigener Segen!«

»Gott versteht euch, auch wenn alle anderen euch mißverstehen«, sagte der Meister. »Er ist der Liebende, der euch immer umsorgt, ganz gleich, was für Fehler ihr macht. Andere schenken euch ihre Liebe eine Zeitlang und verlassen euch dann. Er aber verläßt euch nie.

Auf vielerlei Weise bemüht sich Gott täglich um eure Liebe. Er straft euch nicht, wenn ihr Ihn zurückweist, ihr straft euch selbst. Ihr werdet erkennen: ›Alle Dinge fliehen dich, wenn du Mich fliehst‹.«*

»Halten Sie kirchliche Zeremonien für notwendig, Sir?« fragte ein Schüler. Der Meister antwortete:

»Religiöse Riten können dem Menschen helfen, an Gott, seinen Unendlichen Schöpfer, zu denken. Wenn das Ritual jedoch überhandnimmt, weiß schließlich keiner mehr, was das alles bedeutet.«

»Was ist Gott?« fragte ein Schüler.

»Gott ist ewige Glückseligkeit«, erwiderte der

---

* Zitat aus *Der Jagdhund des Himmels* von Francis Thompson

Meister. »Sein Wesen ist Liebe, Weisheit und Freude. Er ist sowohl überpersönlich als auch persönlich und offenbart sich so, wie es Ihm beliebt. Vor Seinen Heiligen erscheint Er in der Gestalt, die ihnen am teuersten ist: Der Christ erblickt Christus, der Hindu Krischna* oder die Göttliche Mutter** usw. Wer in Gott etwas Überpersönliches verehrt, nimmt Ihn als unendliches Licht oder als den wundersamen *OM*-Laut***, das Urwort, den Heiligen Geist wahr. Die höchste Erfahrung, die dem Menschen zuteil werden kann, besteht in jener Seligkeit, die alle anderen Ausdrucksformen Gottes – Liebe, Weisheit, Unsterblichkeit – voll und ganz einschließt.

Aber wie kann ich dir Gottes Wesen in Worten erklären? Er ist unaussprechlich, unbeschreiblich. Nur in tiefer Meditation kannst du Sein einzigartiges Wesen erfassen.«

Nach einem Gespräch mit einem egoistischen Besucher sagte der Meister: »Der Regen göttlicher Gnade kann sich nicht auf den Berggipfeln des Stolzes sammeln, aber er fließt ungehindert in die Täler der Demut hinab.«

---

* Siehe Glossar
** Siehe Glossar
*** Siehe Glossar

Jedesmal, wenn der Meister einen seiner Jünger sah, der ein ausgesprochener Verstandesmensch war, pflegte er zu sagen:

»Bemühe dich um größere Hingabe! Denk an die Worte Jesu: ›Vater, Du hast solches den Weisen und Klugen verborgen ... und hast es den Unmündigen offenbart.‹«*

Kurz vor Weihnachten 1951 besuchte der Jünger den Meister in dessen Refugium in der Wüste. Auf dem Tisch vor ihm lagen einige Spielsachen, die als Geschenke dienen sollten. Eine Zeitlang spielte Paramahansaji mit ihnen in kindlicher Freude; dann fragte er den jungen Mann: »Wie gefallen sie dir?«

Der Jünger mußte sich erst von seiner Überraschung erholen, dann aber sagte er lachend: »Sie sind hübsch, Sir.« Der Meister lächelte und zitierte:

»Lasset die Kindlein zu mir kommen und wehret ihnen nicht; denn solcher ist das Reich Gottes.«**

Ein Schüler zweifelte an seiner Ausdauer auf dem geistigen Weg. Um ihn zu ermutigen, sagte Paramahansaji:

»Der Herr ist nicht fern, sondern nah. Ich sehe Ihn überall.«

---

* Matthäus 11, 25
** Lukas 18, 16

»Aber Sie sind ja auch ein Meister, Sir!« wandte der Mann ein.

»Alle Seelen sind gleich«, erwiderte der Guru. »Der einzige Unterschied zwischen Ihnen und mir besteht darin, daß ich die nötigen Anstrengungen gemacht habe. Ich habe Gott davon überzeugt, daß ich Ihn liebe, und so kam Er zu mir. Liebe ist der Magnet, dem Gott sich nicht entziehen kann.«

»Wenn Sie Ihren Tempel in Hollywood eine ›Kirche aller Religionen‹ nennen, warum legen Sie dann besonderen Nachdruck auf das Christentum?« erkundigte sich ein Besucher.

»Weil Babaji* es so wünscht«, sagte der Meister. »Er hat mir aufgetragen, die christliche Bibel und die Hindu-Bibel (die Bhagawadgita) zu erläutern und die grundlegende Einheit der christlichen und vedischen** Schriften aufzuzeigen. Mit dieser Mission hat er mich nach dem Westen gesandt.«

»Sünde«, sagte der Meister, »ist alles, was den Menschen Gott vergessen läßt.«

---

* Aussprache: Bàbadschi. Siehe Glossar
** Siehe »Veden« im Glossar

»Meister, wie konnte Jesus Wasser in Wein verwandeln?« fragte ein Jünger. Yoganandaji erwiderte:

»Das Universum wird durch ein Spiel von Lichtstrahlen – Schwingungen der Lebenskraft – hervorgerufen. Durch diese Lichtstrahlen wird der Film der Schöpfung – wie auf eine Leinwand – projiziert und sichtbar gemacht. Christus wußte, daß der Kosmos aus Licht besteht; für ihn gab es keinen wesentlichen Unterschied zwischen den Lichtstrahlen, die das Wasser, und den Lichtstrahlen, die den Wein bilden. Wie Gott am Anfang der Schöpfung* konnte auch Jesus den Schwingungen der Lebenskraft befehlen, verschiedene Formen anzunehmen.

Alle Menschen, die den Bereich der Relativität und der Gegensätze hinter sich lassen, betreten die wahre Welt der Einheit. Sie werden eins mit der Allmacht. Christus hat dies wie folgt ausgedrückt: ›Wer an mich glaubt (wer das Christusbewußtsein kennt), der wird die Werke auch tun, die ich tue, und wird größere als diese tun; denn ich gehe zum Vater (denn ich werde bald zum Höchsten – zum schwingungslosen Absoluten jenseits der Schöpfung und jenseits aller Erscheinungen – zurückkehren).‹«**

---

*   »Es werde Licht! Und es ward Licht.« – *1. Mose 1, 3*
** *Johannes 14, 12.* Siehe *Sat-Tat-OM* im Glossar

»Halten Sie nichts von der Ehe, Meister?« fragte ein Schüler. »Sie sprechen oft so, als ob Sie dagegen wären.« Paramahansaji erwiderte:

»Für jene, die im Herzen allem entsagt haben und Gott suchen, der ihre einzige Liebe ist, scheint es unnötig und sogar hinderlich zu heiraten. In anderen Fällen aber bin ich nicht gegen eine wahre Ehe. Wenn zwei Menschen eine Bindung eingehen, um sich gegenseitig auf dem Weg zu Gott zu helfen, haben sie das richtige Fundament für ihre Ehe: bedingungslose Freundschaft. Die Frau wird vor allem vom Gefühl, der Mann von der Vernunft geleitet; in der Ehe sollen sich diese beiden Eigenschaften ergänzen.

Heutzutage gibt es nicht viele echte Seelen-Verbindungen; denn die jungen Menschen werden geistig nicht entsprechend geschult. Da sie emotionell unreif und labil sind, lassen sie sich gewöhnlich von einer vorübergehenden sexuellen Anziehung oder weltlichen Überlegungen beeinflussen, die das hohe Ziel der Ehe außer acht lassen.« Er fügte hinzu: »Ich sage oft: Faßt zuerst festen Fuß auf dem Weg zu Gott; dann werdet ihr später, falls ihr heiraten wollt, keinen Fehler machen!«

»Schenkt Gott Seine Gnade manchen Menschen nicht in viel reicherem Maße als anderen?« fragte ein Schüler. Paramahansaji antwortete:

»Gott wählt diejenigen, die Ihn wählen.«

Zwei Damen pflegten ihr Auto unverschlossen auf dem Parkplatz stehenzulassen. Der Meister sagte ihnen: »Treffen Sie die richtigen Vorsichtsmaßregeln, und schließen Sie Ihren Wagen ab!«

»Wo bleibt da Ihr Gottvertrauen?« riefen sie erstaunt aus.

»Ich habe Gottvertrauen«, antwortete Paramahansaji. »Aber das bedeutet nicht Nachlässigkeit.«

Doch die Damen schlossen ihr Auto auch weiterhin nicht ab. Eines Tages aber, als sie viele Wertsachen auf dem Rücksitz hatten liegenlassen, wurden sie ihnen gestohlen.

»Wie können Sie erwarten, daß Gott Sie beschützt, wenn Sie Seine Gesetze der Vernunft und Vorsicht mißachten?« sagte der Meister. »Vertrauen Sie auf Gott, aber seien Sie auch praktisch, und führen Sie andere nicht in Versuchung.«

Einige Jünger, die in einen Wirbel der Betriebsamkeit gerieten, vernachlässigten ihre Meditation.* Der Meister warnte sie:

»Sagt nicht: ›Morgen will ich länger meditieren.‹ Plötzlich werdet ihr feststellen, daß ein ganzes Jahr verstrichen ist, ohne daß ihr eure guten Vorsätze ausgeführt habt. Sagt statt dessen: ›Dies

---

* Siehe *Kriya-Yoga* im Glossar

kann warten, und das kann warten; aber meine Suche nach Gott kann nicht warten.‹«

»Sir«, fragte ein Jünger, »warum wissen einige Meister anscheinend mehr als andere?«

»Alle, die höchste Erleuchtung erlangt haben, sind sich an Weisheit gleich«, erwiderte Paramahansaji. »Sie verstehen alles, teilen ihr Wissen aber nur selten mit. Um Gott zu gefallen, spielen sie die Rolle, die Er ihnen übertragen hat. Wenn sie einen Fehler machen, so gehört auch dies zu ihrer menschlichen Rolle. Innerlich bleiben sie unberührt von den Gegensätzlichkeiten und der Relativität der *Maya*.«

»Ich finde es schwer, Freundschaften, die ich geschlossen habe, auch zu bewahren«, vertraute ein Schüler dem Guru an.

»Sei vorsichtig in der Auswahl deiner Freunde«, sagte Paramahansaji. »Sei herzlich und aufrichtig; aber bewahre immer ein wenig Abstand und Respekt. Vermeide allzu große Vertraulichkeit. Es ist leicht, Freundschaften zu schließen; wenn du sie aber erhalten willst, mußt du diese Regeln befolgen.«

»Meister«, fragte ein Schüler, »kann es sein, daß eine Seele für immer verloren ist?« Yoganandaji erwiderte:

»Das ist unmöglich. Jede Seele ist ein Teil Gottes und deshalb unvergänglich.«

Ein Schüler gab sich einer unablässigen Selbsterforschung hin und suchte ständig nach Zeichen geistigen Fortschritts. Der Meister sagte ihm:
»Wenn du einen Samen eingepflanzt hast und ihn dann täglich ausgräbst, um nachzusehen, ob er gewachsen ist, wird er nie Wurzeln schlagen. Gib ihm die richtige Pflege, aber sei nicht neugierig!«

»Für den Gottsucher, der sich auf dem richtigen Weg befindet, geschieht die geistige Entwicklung so natürlich und unmerklich wie das Atmen«, sagte der Meister. »Wer sein Herz Gott geschenkt hat, ist so sehr mit Ihm beschäftigt, daß er kaum merkt, wie sich alle Schwierigkeiten in seinem Leben auflösen. Die Zeit kommt, da andere beginnen, ihn ›Guru‹ zu nennen. Dann denkt er erstaunt:
›Was? Sollte aus diesem Sünder ein Heiliger geworden sein? Herr, laß mein Gesicht Dein Ebenbild so klar widerspiegeln, so daß niemand mehr *mich* sieht, sondern nur *Dich!*‹«

»G ... ist wirklich ein komischer Kauz!« sagte ein Jünger und unterhielt sich mit anderen über die Eigenarten verschiedener Leute. Der Meister sagte:

»Warum wundert ihr euch darüber? Diese Welt ist nun einmal Gottes Zoo.«

»Ist Ihre Lehre von der Beherrschung der Gefühle nicht gefährlich?« fragte ein Schüler. »Viele Psychologen behaupten, daß Verdrängungen zu Kontaktschwäche, ja sogar zu körperlicher Krankheit führen.« Der Meister erwiderte:

»Verdrängung ist schädlich – wenn man sich z. B. etwas wünscht, aber nichts Konkretes unternimmt, um es sich zu beschaffen. Selbstbeherrschung jedoch ist förderlich – wenn man sein falsches Denken geduldig durch richtiges Denken und seine tadelnswerten Handlungen durch nützliche ersetzt.

Wer sich auf das Böse konzentriert, schadet sich selbst. Wer dagegen seinen Geist mit weisen Gedanken beschäftigt und sein Leben mit nützlicher Tätigkeit ausfüllt, erspart sich manch unwürdiges Leiden.«

»Gott prüft uns auf jede erdenkliche Weise«, sagte der Meister. »Er stellt unsere Schwächen bloß, damit wir sie erkennen und sie in Tugenden verwandeln. Er mag uns Prüfungen schicken, die uns unerträglich vorkommen; zuweilen scheint Er uns fast von sich zu stoßen. Doch der weise Gottsucher sagt:

›Nein, Herr, ich will ja nur Dich! Nichts kann

mich von meiner Suche abhalten. Ich bitte Dich von ganzem Herzen: Schicke mir nie die Prüfung, Dich zu vergessen.‹«

»Sir, werde ich jemals den geistigen Weg verlassen?« fragte ein Schüler, der von Zweifeln geplagt wurde. Der Meister antwortete:
»Wie könntest du? Jeder Mensch in dieser Welt befindet sich auf dem geistigen Weg.«

»Sir, verleihen Sie mir die Gnade der Hingabe«, bat ein Jünger inständig.
»Das heißt mit anderen Worten: ›Gib mir Geld, damit ich mir kaufen kann, was ich will‹«, erwiderte der Meister. »Ich aber sage: ›Du mußt dir das Geld selbst *verdienen*. Dann kannst du dich an dem, was du dir kaufst, rechtmäßig freuen.‹«

Um einem Schüler zu helfen, seine Gedanken auf eine höhere Ebene zu lenken, erzählte der Meister folgendes Erlebnis:
»Eines Tages sah ich einen großen Sandhaufen, auf dem eine winzige Ameise herumkrabbelte. Da dachte ich: ›Dieser Ameise kommt es sicher so vor, wie wenn sie auf einen Himalaja-Gipfel klettert.‹ Der Sandhaufen mag ihr gigantisch erschienen sein, mir jedoch nicht. Ähnlich bedeutet eine Million Sonnenjahre für den Geist Gottes

wahrscheinlich weniger als eine Minute. Wir sollten uns schulen, in großen Begriffen zu denken: Ewigkeit! Unendlichkeit!«

Yoganandaji und einige seiner Jünger machten auf dem Rasen der Einsiedelei von Encinitas ihre abendlichen Aufladeübungen. Einer der jungen Männer fragte ihn nach einem Heiligen, dessen Name ihm entfallen war.

»Sir«, sagte er, »es war der Meister, der Ihnen hier vor einigen Monaten erschienen ist.«

»Ich kann mich nicht entsinnen«, erwiderte Paramahansaji.

»Es war im hinteren Teil des Gartens, Sir.«

»Viele suchen mich dort auf; ich sehe einige, die bereits hinübergegangen sind, und andere, die noch auf dieser Erde leben.«

»Wie wunderbar, Sir!«

»Wo immer ein Mensch von Gott erfüllt ist, da kommen auch Seine Heiligen hin.« Der Guru schwieg eine Weile und fuhr mit den Übungen fort. Dann sagte er:

»Als ich gestern in meinem Zimmer meditierte, wollte ich einige Einzelheiten aus dem Leben eines großen Meisters wissen, der im Altertum lebte. Da materialisierte er sich vor mir. Lange Zeit saßen wir nebeneinander auf meinem Bett und hielten uns die Hände.«

»Sir, hat er Ihnen aus seinem Leben erzählt?«

»Gewissermaßen«, antwortete Yoganandaji, »im Austausch unserer Schwingungen sah ich das ganze Bild vor mir.«

Um einige seiner Jünger des *Self-Realization-Ordens** vor geistiger Selbstgefälligkeit zu warnen, erzählte der Meister folgendes:

»Nur wer den *Nirbikalpa-Samadhi*** erreicht hat, kann nie wieder der Täuschung verfallen. Vorher jedoch darf er sich nicht in Sicherheit wiegen.

Der Jünger eines berühmten hinduistischen Meisters war eine solch große Seele, daß sein Guru ihn anderen oft als Beispiel hinstellte. Eines Tages erwähnte der Jünger, daß er mit einer frommen Frau meditiere, um ihr dadurch zu helfen.

Der Guru sagte ruhig: ›Sadhu***, nimm dich in acht!‹

Einige Wochen später ging im Leben des Jüngers die Saat schlechten Karmas auf, und er lief mit der Frau davon. Bald jedoch kehrte er zu seinem Guru zurück und sagte weinend: ›Es tut mir so leid!‹ Er ließ es nicht zu, daß sein ganzes Leben von einem Irrtum regiert werde, sondern legte alle seine Fehler ab und verdoppelte seine

---

* Siehe Glossar
** Siehe Glossar
*** Siehe Glossar

Bemühungen, vollkommene Selbst-Verwirklichung zu erlangen.

Diese Geschichte zeigt euch, daß selbst ein großer Gottsucher vorübergehend der Täuschung verfallen kann. Laßt nie in eurer Wachsamkeit nach, bis ihr in der höchsten Seligkeit verankert seid.«

»Die Naturwissenschaften sind viel mehr auf Theorie gegründet als wahre Religion«, sagte der Meister. »Die Wissenschaft kann z. B. die äußere Beschaffenheit und das Verhalten des Atoms erforschen. Das Üben der Meditation dagegen führt zum Zustand der Allgegenwart: Der Yogi kann eins mit dem Atom werden.«

Ein aufdringlicher Jünger tauchte oft unerwartet im Mount-Washington-Zentrum* auf und rief den Guru häufig auf dessen Kosten an. »Er ist ein eigenartiger Mensch«, bemerkte Paramahansaji einmal. »Doch sein Herz gehört Gott. Trotz seiner Fehler wird er sein Ziel erreichen, denn er wird Gott nicht eher in Ruhe lassen, bis er soweit ist.«

Als der Meister zuerst nach Amerika kam, trug er indische Kleidung, und sein Haar fiel lang auf

---

* Das Mutterzentrum der *Self-Realization Fellowship* in Los Angeles/Kalifornien. Siehe Glossar die Schultern herab. Jemand, den dieser seltsame Anblick faszinierte, fragte ihn: »Sind Sie ein Wahrsager?«

»Nein, aber ich sage anderen, wie sie die Wahrheit finden können.«

Der Meister erzählte seinen Jüngern eines Tages, daß ein Heiliger von seinem hohen geistigen Zustand herabgefallen sei, weil er seine Wunderkräfte öffentlich zur Schau gestellt hatte. »Er sah seinen Fehler bald ein«, sagte Paramahansaji, »und kehrte zu seinen Jüngern zurück. Am Ende seines Lebens war er eine völlig befreite Seele.«

»Sir, wie konnte er so schnell wieder aufsteigen?« fragte ein Jünger. »Ist die karmische Strafe für einen Menschen, der von einer hohen geistigen Stufe herabfällt, nicht viel schwerer als für andere, die aus bloßer Unwissenheit falsch handeln? Es scheint seltsam, daß dieser indische Heilige nicht lange auf seine endgültige Befreiung warten mußte.«

Doch der Meister schüttelte lächelnd den Kopf. »Gott ist kein Tyrann«, sagte er. »Wenn jemand es gewohnt ist, sich von Ambrosia zu ernähren, wird ihm alter Käse nicht mehr munden. Und wenn er dann verzweifelt wieder nach Ambrosia verlangt, wird Gott sie ihm nicht verweigern.«

Ein Anhänger der *Self-Realization Fellowship* fand es unangebracht, daß die Organisation Reklame machte. Der Meister sagte:

»Wrigley inseriert, um seinen Kaugummi anzupreisen. Warum soll ich nicht inserieren, um die Leute zu ermutigen, gute Ideen zu ›kauen‹?«

Der Meister sprach davon, wie schnell uns Gottes Gnade von der Täuschung der *Maya* befreien kann, und sagte:

»In dieser Welt scheinen wir in einem Meer von Sorgen zu versinken; doch dann kommt die Göttliche Mutter und schüttelt uns, um uns aus diesem schrecklichen Traum aufzuwecken. Jeder Mensch wird früher oder später dieses befreiende Erlebnis haben.«

Ein Schüler schwankte zwischen dem Weg der Entsagung und einer langersehnten Karriere. Der Meister sagte ihm liebevoll:

»Alle Erfüllung, nach der du suchst, und noch weit mehr, erwartet dich in Gott.«

Einem Schüler, der hoffnungslos in schlechte Gewohnheiten verstrickt schien, gab der Meister folgenden Rat:

»Wenn es dir an Willenskraft fehlt, versuche die ›Will-nicht-Kraft‹ zu entwickeln.«

»Was für eine Verantwortung man sich auflädt, wenn man versucht, die Menschen vollkommener zu machen!« rief der Meister aus. »Die Rose in der Vase sieht wunderschön aus, und man vergißt alle Arbeit des Gärtners, die nötig war, sie so schön zu machen. Wenn man aber schon soviel Mühe aufwenden muß, um eine liebliche Rose hervorzubringen, wieviel mehr Anstrengung kostet es dann, einen Menschen zu vervollkommnen.«

»Hütet euch vor einem allzu vertraulichen Umgang mit anderen«, sagte der Meister. »Freundschaften befriedigen uns nur dann, wenn sie in der gemeinsamen Liebe zu Gott wurzeln.

Unser menschliches Verlangen, von anderen geliebt und verstanden zu werden, ist in Wirklichkeit die Sehnsucht der Seele nach Vereinigung mit Gott. Je mehr wir dieses Verlangen äußerlich zu befriedigen versuchen, desto unwahrscheinlicher ist es, daß wir den Göttlichen Freund finden.«

»Es gibt drei Arten von Gottsuchern«, sagte der Meister, »Gläubige, denen es genügt, zur Kirche zu gehen; Gläubige, die ein sittliches Leben führen, aber keine Anstrengungen machen, sich mit Gott zu vereinigen; und Gläubige, die fest entschlossen sind, ihr wahres Selbst zu erkennen.«

Auf die Frage, was Selbst-Verwirklichung sei, sagte der Meister:

»Selbst-Verwirklichung ist das Wissen auf allen Ebenen unseres Seins – des Körpers, des Geistes und der Seele –, daß wir eins mit der Allgegenwart Gottes sind, daß wir nicht um sie zu bitten brauchen, daß wir ihr nicht nur allezeit nahe sind, sondern daß sie zugleich unsere Allgegenwart ist und daß wir jetzt ebenso ein Teil Gottes sind, wie wir es immer sein werden. Wir brauchen nur eines zu tun: unser Wissen zu erweitern.«

»Solchen, die Gott lieben, hilft Er oft auf überraschende Weise, denn sie haben die hemmenden Gegenströme des kleinen Ich ausgeschaltet«, sagte der Meister.

»Während meiner ersten Zeit im Mount-Washington-Zentrum wurde eine Hypothek fällig; doch wir hatten kein Geld auf der Bank, Ich betete inständig zu Gott und sagte Ihm: ›Das Schicksal der Organisation liegt in Deinen Händen.‹ Da erschien mir die Göttliche Mutter und sprach auf englisch:

›Ich bin deine Aktien und deine Wertpapiere; Ich bin deine Sicherheit.‹

Einige Tage später erhielt ich durch die Post eine großzügige Spende für das Zentrum.«

Einer der Jünger erfüllte treu und gewissenhaft jede Aufgabe, die ihm der Meister übertrug; für andere jedoch tat er nie etwas. Da wies ihn der Meister zurecht:

»Du mußt anderen ebenso willig dienen wie mir. Denke immer daran, daß Gott in allen wohnt, und versäume keine Gelegenheit, Ihm Freude zu machen.«

»Der Tod lehrt uns, nicht auf den Körper, sondern auf Gott zu vertrauen. Deshalb ist der Tod unser Freund«, sagte der Meister. »Wir sollten nicht übermäßig trauern, wenn unsere Lieben uns verlassen. Es ist egoistisch, sie zu unserer eigenen Freude und Bequemlichkeit immer bei uns haben zu wollen. Freut euch vielmehr, daß sie abberufen wurden, damit sie sich in der neuen und besseren Umgebung der Astralwelt* um die Befreiung ihrer Seele bemühen.

Die meisten Menschen weinen eine Zeitlang aus Schmerz über die Trennung; dann aber vergessen sie schnell. Den Weisen jedoch drängt es dazu, seine verstorbenen Lieben im Herzen des Ewigen zu suchen. Was gläubige Menschen im irdischen Leben verlieren, finden sie in der Unendlichkeit wieder.«

---

*   Siehe Glossar

»Was ist das beste Gebet?« fragte ein Jünger. Der Meister antwortete:

»Sprich zu Gott: ›Sag mir, was Dein Wille ist.‹ Bete nicht: ›Ich möchte dies oder das haben‹, sondern vertraue darauf, daß Er weiß, was du brauchst. Du wirst erleben, daß du viel bessere Dinge erhältst, wenn Er die Wahl für dich trifft.«

Der Meister übertrug seinen Jüngern oft verschiedene kleinere Aufgaben. Als eine Jüngerin eine ihrer kleinen Pflichten vernachlässigt hatte, weil sie ihr nicht besonders wichtig schien, wies Paramahansaji sie sanft zurecht und sagte.

»Treue in der Erfüllung kleiner Pflichten gibt uns die Kraft, an schwierigen Entschlüssen festzuhalten, die das Leben eines Tages von uns fordert.«

Der Meister erklärte einem neuen Jünger, indem er eine Formulierung Sri Yukteswars* benutzte:

»Manche denken, wenn jemand in eine Einsiedelei geht, um dort Selbstbeherrschung zu lernen, sei das ein ähnlich trauriger Anlaß wie eine Beerdigung. Statt dessen aber dürfte es die Beerdigung aller Traurigkeit sein.«

»Es ist töricht, von irdischen Bindungen und Besitztümern wahres Glück zu erwarten; denn

---

* *Autobiographie eines Yogi*, 12. Kapitel

sie können es einem nie verschaffen«, sagte der Meister. »Dennoch sterben Millionen von Menschen an gebrochenem Herzen, weil sie im weltlichen Leben vergeblich die Erfüllung suchten, die nur in Gott, der Quelle aller Freude, zu finden ist.«

Der Meister erklärte, warum nur wenige Menschen den unendlichen Gott verstehen:

»So wie ein kleiner Becher die gewaltigen Wassermassen des Ozeans nicht in sich aufnehmen kann, so kann auch der begrenzte menschliche Verstand das weltumspannende Christusbewußtsein nicht fassen. Wer jedoch seinen Geist durch Meditation ständig erweitert, erreicht schließlich Allwissenheit und wird eins mit der göttlichen Intelligenz, die alle Atome der Schöpfung durchdringt.

Johannes sprach: ›Wie viele ihn aber aufnahmen, denen gab er Macht, Gottes Kinder zu werden, die an seinen Namen glauben.‹* Mit ›Wie viele ihn aber aufnahmen‹ meinte Johannes jene Menschen, die ihre Aufnahmefähigkeit ins Unendliche erweitert haben; sie allein erlangen wieder die Stufe von ›Gotteskindern‹. Sie ›glauben an seinen Namen‹, weil sie eins mit dem Christusbewußtsein geworden sind.«

* *Johannes 1,12*

Ein Schüler, der früher in der Einsiedelei gelebt hatte, kehrte eines Tages zurück und sagte traurig zum Meister: »Warum nur bin ich weggegangen?«

»Ja, ist dies nicht ein Paradies, verglichen mit der Welt da draußen?« fragte Paramahansaji.

»Das ist wahr!« erwiderte der junge Mann und schluchzte so lange, bis der Meister voller Anteilnahme mitzuweinen begann.

Eine Schwester des *Self-Realization*-Ordens klagte über Mangel an Hingabe. »Es liegt nicht daran, daß ich Gott nicht finden will«, sagte sie, »aber ich bin einfach nicht fähig, Liebe für Ihn zu fühlen. Was muß man tun, wenn man einen solchen Zustand der ›Dürre‹ durchmacht?«

»Du mußt dich nicht auf den Gedanken konzentrieren, daß es dir an Hingabe fehlt, sondern versuchen, sie in dir zu erwecken«, antwortete der Meister. »Warum bist du enttäuscht darüber, daß Gott sich dir noch nicht offenbart hat? Denk einmal an die lange Zeit, in der du Ihm keinerlei Beachtung geschenkt hast!

Meditiere öfter, und gehe mehr in die Tiefe. Befolge die Aschramregeln. Dadurch, daß du deine Gewohnheiten änderst, wird in deinem Herzen die Erinnerung an Sein wunderbares Wesen erwachen; und wenn du Ihn erst einmal kennst, wirst du Ihn zweifellos auch lieben.«

Eines Sonntags besuchte der Meister eine Kirche, wo der Chor eigens für ihn sang. Nach dem Gottesdienst fragten der Chorleiter und die Sänger Paramahansaji:

»Hat Ihnen der Gesang gefallen?«

»Es war in Ordnung«, sagte Yoganandaji ohne Begeisterung.

»Oh! Dann hat es Ihnen also nicht gefallen?« fragten sie weiter.

»Das möchte ich nicht behaupten.«

Als sie ihn zu einer Erklärung drängten, sagte der Meister schließlich: »Technisch war die Darbietung einwandfrei; aber Sie haben vergessen, zu wem Sie sangen. Sie wollten nur mir und dem Publikum gefallen. Singen Sie beim nächsten Mal nicht für die Menschen, sondern für Gott.«

Voller Ehrfurcht sprachen die Jünger über das Leben vieler Märtyrer, die ihre Leiden freudig auf sich genommen hatten. Da sagte der Meister:

»Das Schicksal des Körpers ist für einen Menschen, der Gott verwirklicht hat, völlig unwichtig. Die körperliche Gestalt gleicht einem Teller, von dem der Gottsucher das Weisheitsmahl des Lebens ißt. Wozu soll der Teller noch dienen, wenn man den Hunger für alle Ewigkeit gestillt hat? Auch wenn er zerbricht, nimmt der Erleuchtete kaum Notiz davon. Er ist ganz und gar in Gott versunken.«

An langen Sommerabenden pflegte der Meister oft mit seinen Jüngern auf der Terrasse der Einsiedelei von Encinitas zu sitzen und geistige Gespräche zu führen. Bei einer solchen Gelegenheit kamen sie auf Wunder zu sprechen, und der Meister sagte:

»Die meisten Menschen sind an Wundern interessiert und möchten gern welche mit eigenen Augen sehen. Doch mein Meister Sri Yukteswarji, der über alle Naturkräfte herrschte, hatte sehr strenge Ansichten darüber. Bevor ich Indien verließ, um in Amerika Vorträge zu halten, sagte er mir: ›Erwecke in den Menschen die Liebe zu Gott. Ziehe sie nicht an, indem du übernatürliche Kräfte zur Schau stellst.‹

Wenn ich durchs Feuer schritte oder auf dem Wasser wandelte und die Vortragssäle des ganzen Landes mit Sensationssuchern füllte, was wäre damit gewonnen? Schaut euch die Sterne, die Wolken und das Meer an; seht den Nebelschleier über dem Gras. Läßt sich irgendein von Menschen vollbrachtes Wunder mit diesen im Grunde unerklärbaren Erscheinungen vergleichen? Dennoch werden nur wenige Menschen durch die Natur dazu bewogen, Gott – das größte aller Wunder – zu lieben.«

Einigen recht saumseligen jungen Schülern sagte der Meister:

»Ihr müßt mehr Methode in euer Leben bringen. Gott selbst erschuf die Ordnung. Die Sonne scheint bis zum Abend, und die Sterne bis zum Morgen.«

»Verdanken die Heiligen ihre Weisheit nicht einer besonderen Gunst des Herrn?« fragte ein Besucher.

»Nein«, erwiderte der Meister. »Wenn einige Menschen weniger erleuchtet sind als andere, liegt es nicht daran, daß Gott mit Seiner Gnade zurückhält, sondern daß die meisten Menschen Sein allgegenwärtiges Licht nicht frei durch sich hindurchfließen lassen. All Seine Kinder könnten die Strahlen Seiner Allwissenheit in gleichem Maße widerspiegeln, indem sie die dunkle Wand des Egoismus niederreißen.«

Ein Besucher äußerte sich recht abfällig über den sogenannten Götzendienst der Inder. Da sagte der Meister ruhig:

»Wenn jemand mit geschlossenen Augen in der Kirche sitzt und seinen Gedanken erlaubt, sich mit weltlichen Dingen – den Götzen des Materialismus – zu beschäftigen, dann weiß Gott, daß nicht Er angebetet wird.

Wenn sich aber jemand vor einem steinernen Bildnis verneigt und in ihm ein Symbol des lebendigen, allgegenwärtigen GEISTES sieht, nimmt Gott diese Art der Anbetung an.«

»Ich will mich in die Berge zurückziehen, um mit Gott allein zu sein«, teilte ein Schüler dem Meister mit.

»So wirst du keine geistigen Fortschritte machen«, erwiderte Paramahansaji. »Du bist noch nicht imstande, dich tief auf den GEIST zu konzentrieren. Selbst wenn du in einer Höhle wohnst, werden deine Gedanken die meiste Zeit um Erinnerungen an andere Menschen und weltliche Vergnügen kreisen. Freudige Erfüllung deiner irdischen Pflichten, verbunden mit täglicher Meditation, ist der bessere Weg.«

Nachdem der Meister einen Jünger gelobt hatte, sagte er ihm:

»Wenn man dir sagt, daß du eine Sache gut gemacht hast, darfst du dich nicht auf deinen Lorbeeren ausruhen, sondern mußt versuchen, es noch besser zu machen. Wer ständig nach Vollkommenheit strebt, bereitet nicht nur sich selbst, sondern auch seinen Mitmenschen und Gott Freude.«

»Entsagung ist nichts Negatives, sondern etwas Positives, denn man gibt nichts anderes auf als das Leid«, sagte der Meister.

»Man darf den Weg der Entsagung nicht als einen Opfergang betrachten. Es handelt sich vielmehr um eine göttliche Kapitalanlage, bei der ein paar Cents der Selbstdisziplin eine Million geistige Dollar einbringen. Ist es daher nicht weise, die goldenen Münzen unserer flüchtigen Tage so anzulegen, daß wir die Ewigkeit gewinnen?«

Als der Meister an einem Sonntagmorgen auf die Blumenfülle im Tempel schaute, sagte er:

»Gott ist Schönheit. Deshalb erschuf Er die lieblichen Blumen, die von Ihm erzählen können. Sie offenbaren Ihn mehr als alles andere in der Natur. Aus den Fenstern der Lilien und Vergißmeinnicht lugt Sein leuchtendes Antlitz hervor. Im Duft der Rosen scheint Er zu flüstern: ›Suche Mich!‹ Das ist Seine Art, zu uns zu sprechen; sonst aber schweigt Er. Er offenbart Seine Meisterwerke in der Schönheit der Schöpfung; doch Er verrät nicht, daß Er Selbst sich dahinter verbirgt.«

Zwei Schüler aus der Einsiedelei baten den Meister, einen Ausflug machen zu dürfen, um einige ihrer Freunde zu besuchen. Paramahansaji erwiderte:

»Für einen Mönch am Anfang seiner Schulung ist es nicht gut, häufig mit weltlichen Menschen zusammenzukommen. Dadurch wird sein Geist durchlässig wie ein Sieb und kann die Wasser der Gotteswahrnehmung nicht halten. Ausflüge bringen euch nicht die Erfahrung des Unendlichen.«

Da der Guru aber nur Ratschläge und keine Befehle zu geben pflegte, fügte er hinzu: »Es ist meine Pflicht, euch zu warnen, wenn ich sehe, daß ihr eine falsche Richtung einschlagt. Tut jedoch, was ihr wollt.«

»Hier auf Erden versucht Gott, den Menschen die universale Kunst richtiger Lebensweise beizubringen, indem Er Gefühle der Brüderlichkeit und Achtung vor den Mitmenschen in ihnen erweckt«, sagte der Meister. »Deshalb gestattete Er keiner Nation, in sich selbst vollkommen zu sein. Er verlieh den Menschen jeder Rasse besondere Fähigkeiten – eine einzigartige Begabung, mit der sie ihren besonderen Beitrag zur Weltzivilisation leisten können.

Dadurch, daß die Nationen untereinander ihre besten Eigenschaften austauschen, können sie den Weltfrieden beschleunigen. Wir sollten nicht auf die Fehler anderer Rassen, sondern auf ihre Vorzüge schauen und uns diese anzueignen versuchen. Es ist eine bemerkenswerte Tatsache, daß die großen Heiligen der Weltgeschichte die Ideale aller Länder und die höchsten Ziele aller Religionen verkörperten.«

Die Gespräche des Meisters sprühten vor Gleichnissen. Eines Tages sagte er:

»Ich sehe alle, die auf dem geistigen Weg sind, wie in einem Wettlauf. Einige rennen; andere kommen nur langsam vorwärts; und wieder andere laufen sogar rückwärts.«

Ein andermal bemerkte er:

»Das Leben ist ein Schlachtfeld, auf dem die Menschen ihre inneren Feinde der Habgier und Unwissenheit bekämpfen. Viele werden von den Kugeln der Begierden verwundet.«

Der Meister hatte einige Jünger gescholten, weil sie ihren Pflichten nicht gut genug nachgekommen waren. Sie ließen alle die Köpfe hängen; da sagte der Guru:

»Ich schelte euch nicht gern; denn ihr alle seid so gut. Wenn ich aber Flecken auf einer weißen Wand entdecke, will ich sie entfernen.«

Paramahansaji war mit mehreren anderen im Auto unterwegs, um zu einem *Self-Realization*-Wochenendhaus zu fahren. Da begegnete ihnen ein alter Mann, der sich mit einem Bündel auf dem Rücken die heiße, staubige Landstraße dahinschleppte. Der Meister ließ den Wagen anhalten, rief den Mann zu sich und gab ihm etwas Geld. Einige Minuten später sagte Yoganandaji zu den Jüngern:

»Diese Welt mit ihren schrecklichen Überraschungen! Wir fahren, während dieser alte Mann zu Fuß gehen muß. Ihr solltet euch alle vornehmen, jede Angst vor den unvorhersehbaren Wechselfällen der *Maya* zu überwinden. Wenn dieser arme Kerl Gott gefunden hätte, würden ihm Armut oder Reichtum nichts bedeuten. Im Unendlichen verwandeln sich alle Bewußtseinszustände in den einen: ewig neue Glückseligkeit.«

»Sir, welcher Abschnitt der *Autobiographie eines Yogi* kann Ihrer Meinung nach den durchschnittlichen Menschen am meisten anspornen?« fragte ein Schüler. Der Meister überlegte eine Weile und sagte dann:

»Diese Worte meines Gurus Sri Yukteswar: ›Vergeßt die Vergangenheit … Solange der Mensch noch nicht fest im Göttlichen verankert ist, wird sein Verhalten immer unberechenbar sein. Alles wird sich in Zukunft zum Besten wenden, wenn ihr jetzt die nötigen geistigen Anstrengungen macht.‹«

»Gott denkt an uns, auch wenn wir nicht an Ihn denken«, sagte der Meister. »Wenn Er die Schöpfung nur eine Sekunde lang vergäße, würden alle Dinge spurlos verschwinden. Wer hält diesen Erdball in seiner Bahn? Wer treibt die Bäume und Blumen zum Wachstum an? Gott allein läßt unsere Herzen schlagen, verdaut unsere Nahrung und erneuert täglich unsere Körperzellen. Und dennoch schenken Ihm die meisten Seiner Kinder kaum einen Gedanken.«

»Der menschliche Geist«, sagte Paramahansaji, »ist wie ein wunderbares Gummiband, das sich bis ins Unendliche ausdehnen läßt, ohne zu reißen.«

Luther Burbank und Sri Yogananda
in Santa Rosa, 1924

Teil II
WISSENSCHAFTLICHE HEILMEDITATIONEN

Die Wirkungskraft der Heilmeditationen

Die Worte, die der Mensch spricht, zeugen von dem in ihm lebenden GEIST. Gesprochene Worte sind Laute, die durch Gedankenschwingungen entstehen; und Gedanken sind Schwingungen, die vom Ich oder von der Seele ausgesandt werden. Jedes Wort, das man spricht, sollte von seelischen Schwingungen getragen werden, denn Worte, die der seelischen Kraft entbehren, sind wirkungslos. So kann man z. B. sagen, daß die Worte geschwätziger, unaufrichtiger und zu Übertreibungen neigender Menschen Papierkugeln gleichen, die aus einer Spielzeugpistole geschossen werden. Alles Reden und Beten, das an der Oberfläche bleibt, kann keinen günstigen Einfluß auf unser Geschick haben.

Unsere Worte sollen nicht nur die Wahrheit enthalten, sondern auch unser tiefes Verstehen und Erleben dieser Wahrheit. Eine Rede ohne seelische Kraft gleicht einer Ähre ohne Korn.

Die geistige Kraft im menschlichen Wort

Worte, die aufrichtig und mit tiefer Überzeugung gesprochen werden und hinter denen die Kraft des Glaubens und der Intuition steht, besitzen eine solch starke geistige Schwingungskraft, daß sie hochexplosiven Sprengkörpern gleichen, die die hartnäckigsten Hindernisse aus dem Wege räumen und so die gewünschte Änderung herbeiführen können. Vermeidet stets unangenehme Worte, selbst wenn sie wahr sein sollten. Aufrichtige Worte und Gedanken, die mit Gefühls- und Willenskraft und dem richtigen Verständnis wiederholt werden, können nicht umhin, die allgegenwärtige kosmische Schwingungskraft in Bewegung zu setzen, die euch alsdann helfen wird. Ihr müßt euch mit unerschütterlichem Vertrauen an diese Kraft wenden und euch von allen Zweifeln frei machen, denn sonst verfehlt der Pfeil eurer Aufmerksamkeit sein Ziel.

Nachdem ihr die Saat eurer Gebete in den Boden des kosmischen Bewußtseins gestreut habt, grabt sie nicht ständig wieder aus, um zu sehen, ob sie Wurzeln geschlagen hat. Gebt den himmlischen Mächten Zeit und Gelegenheit, ungestört am Werk zu bleiben.

Die göttlichen Kräfte des Menschen

Es gibt nichts Gewaltigeres als das kosmische Bewußtsein (oder Gott). Seine Kraft ist unendlich viel größer als die des menschlichen Geistes. Wenn ihr also Hilfe braucht, wendet euch allein an Ihn! Das heißt aber nicht, daß ihr euch passiv verhalten, leichtgläubig sein oder die Kraft eures eigenen Geistes unterschätzen sollt. Gott hilft denen, die sich selbst helfen. Er hat euch Willens- und Konzentrationskraft, Glaube, Vernunft und gesunden Menschenverstand verliehen, damit ihr euch bei allen körperlichen und geistigen Leiden selbst helfen könnt; alle diese Fähigkeiten müßt ihr einsetzen, während ihr Ihn gleichzeitig um Hilfe anruft.

Wenn ihr betet oder Heilmeditationen anwendet, sagt euch immer, daß ihr *eure eigene,* aber von *Gott gegebene* Kraft braucht, um euch selbst oder andere zu heilen. Bittet Ihn um Seine Hilfe, aber vergeßt dabei nie, daß ihr Sein Kind seid, das Er liebt und dem Er die Gaben des Willens, des Gefühls und der Vernunft verliehen hat, damit es alle Lebensprobleme selbst lösen kann. Ihr müßt den richtigen Ausgleich finden zwischen der mittelalterlichen Vorstellung, ganz von Gott abhängig zu sein, und der neuzeitlichen Einstellung, sich nur auf sich selbst zu verlassen.

Gebrauch des Willens, des Gefühls und der Vernunft

Wenn man die verschiedenen Heilmeditationen anwendet, muß man auch seine geistige Einstellung ändern. So müssen z. B. Worte des Willens von großer Entschlußkraft, Worte des Gefühls von echter Hingabe und Worte der Vernunft von tiefer Erkenntnis durchdrungen sein. Versucht man, andere zu heilen, muß man sich eine Heilmeditation aussuchen, die der natürlichen Veranlagung des Patienten entspricht, d. h., die entweder an seine Vorstellungskraft, sein Gefühl oder seine Vernunft appelliert. Bei allen Heilmeditationen kommt es in erster Linie auf die Tiefe der Konzentration an – aber auch auf Beharrlichkeit und ständige Wiederholung. Wiederholt die Heilmeditationen immer wieder andächtig, entschlossen und überzeugt, und kümmert euch nicht um die Ergebnisse, die sich ganz von selbst als Frucht eurer Bemühungen einstellen werden.

Handelt es sich um eine körperliche Heilung,

darf man die Aufmerksamkeit nie auf die Krankheit richten – weil dies den Glauben schwächt –, sondern muß sich die unendliche Kraft des Geistes vergegenwärtigen. Handelt es sich darum, seelische Schwächen wie Furcht, Zorn, schlechte Gewohnheiten usw. zu überwinden, muß man seine ganze Aufmerksamkeit auf die entgegengesetzte Eigenschaft richten. Um z. B. seiner Furcht Herr zu werden, muß man sich Tapferkeit vergegenwärtigen; bei Neigung zum Zorn muß man sich inneren Frieden vorstellen; die Schwachen müssen an Kraft denken und die Kranken an Gesundheit.

Die geistigen Ursachen chronischer Krankheiten

Wer geheilt werden will, konzentriert sich oft mehr auf eine mögliche schlimme Auswirkung der Krankheit als auf eine mögliche Heilung. Dadurch wird die Krankheit nicht nur zu einem körperlichen, sondern auch zu einem geistigen Gewohnheitszustand. Dies trifft ganz besonders auf die meisten Fälle von Nervosität zu. Jeder deprimierende oder glückliche Gedanke, jede Aufregung oder stille Stunde gräbt feine Rillen in die Gehirnzellen und verstärkt damit die Veranlagung zur Krankheit oder Gesundheit.

Unsere unterbewußten Gedanken üben einen

starken Einfluß auf uns aus, je nachdem, ob sie ständig um Krankheit oder Gesundheit kreisen. Die Wurzeln hartnäckiger körperlicher oder geistiger Krankheiten liegen immer tief im Unterbewußtsein. Oft können Krankheiten geheilt werden, wenn man diese verborgenen Wurzeln ausreißt. Deshalb sollen alle Heilmeditationen, die man im Wachbewußtsein wiederholt, so *kraftvoll sein,* daß sie ins Unterbewußtsein dringen, das wiederum automatisch das Wachbewußtsein beeinflußt. Auf diese Weise üben bewußt angewandte Heilmeditationen durch die Vermittlung des Unterbewußtseins bestimmte Wirkungen auf Körper und Geist aus. Noch tiefere Heilmeditationen erreichen nicht nur das Unterbewußtsein, sondern auch das Überbewußtsein – das geheimnisvolle Reservoir aller übernatürlichen Kräfte.

Aussagen, die die Wahrheit enthalten, müssen mit großer Hingabe, Willens- und Gefühlskraft gesprochen werden, d. h., man muß innerlich daran beteiligt sein. Die Aufmerksamkeit darf nicht ermatten. Sobald sie abschweift, muß man sie wie ein störrisches Kind immer wieder zurückrufen und mit unermüdlicher Geduld schulen, bis sie ihre Aufgabe erfüllt.

*Innere Aufmerksamkeit und Glaube
sind die Voraussetzungen*

Wenn die Heilmeditationen, die man anwendet, das Überbewußtsein erreichen sollen, darf man keine Zweifel und kein Gefühl der Unsicherheit haben. Die Aufmerksamkeit und der Glaube führen auch solche Heilmeditationen, die man nicht ganz versteht, in den Bereich des Unter- und Überbewußtseins.

Geduld und aufmerksames, verständnisvolles Wiederholen können Wunder wirken. Heilmeditationen zur Beseitigung chronischer Leiden müssen oft mit großer Aufmerksamkeit und Beharrlichkeit wiederholt werden (ohne daß man auf den unveränderten oder sich sogar verschlechternden Zustand achtet), bis man zutiefst, d. h. intuitiv davon überzeugt ist. Sollte einem der Tod bestimmt sein, so ist es besser, mit der Überzeugung zu sterben, vollkommen gesund zu sein, als im Bewußtsein, unter einer unheilbaren körperlichen oder geistigen Krankheit zu leiden.

Obgleich nach menschlichem Ermessen jeder Körper den Tod erleiden muß, hat die Seele dennoch die Macht, die ihr »bestimmte« Stunde abzuändern.

Die Lebenskraft bewirkt die Heilung

❖

Jesus sprach: »Der Mensch lebt nicht vom Brot allein, sondern von einem jeglichen Wort, das durch den Mund Gottes geht.«*

Mit »Wort« ist Lebenskraft oder kosmische Schwingungskraft gemeint. Und der »Mund Gottes« ist das verlängerte Mark, das im Kleinhirn des Hinterkopfes liegt und in das Rückenmark übergeht. Es ist der wichtigste Teil des menschlichen Körpers – das göttliche Tor (»Mund Gottes«), durch welches das »Wort«, d. h. die den Menschen erhaltende Lebenskraft, in den Körper eintritt. In den heiligen Schriften des Hinduismus wird das »Wort« OM und in denen des Christentums AMEN genannt.

Es ist einzig und allein diese Kraft, die die Heilung bewirkt; alle äußeren Anregungsmittel unterstützen die Lebenskraft nur, sind ohne sie aber wertlos.

* *Matthäus 4, 4*

Heilung je nach Veranlagung

Medikamente, Massagen, Einrenken der Wirbel oder Bestrahlungen können dank ihrer chemischen Einwirkung auf das Blut oder ihrer belebenden Wirkung auf den Körper dazu beitragen, den Normalzustand der Zellen wiederherzustellen. Es sind äußere Methoden, die der Lebenskraft oft dabei helfen, eine Heilung zustande zu bringen; sie sind jedoch machtlos, wenn es sich um einen toten Körper handelt, aus dem die Lebenskraft gewichen ist.

Je nachdem, ob es sich um einen phantasiebegabten, intellektuellen, ehrgeizigen, gefühlvollen, willensstarken oder zielstrebigen Menschen handelt, kann man die Heilung durch Vorstellungskraft, Vernunft, Glaube, Gefühl oder Willensaufwand zustande bringen. Doch nur wenige wissen dies. Coué betonte die Wirkung der Autosuggestion; aber ein intellektueller Menschentyp spricht nicht auf Suggestionen an und läßt sich nur dadurch überzeugen, daß man ihm die Macht des Bewußtseins über den Körper grundsätzlich klarmacht. Er muß die Ursachen und Ziele der geistigen Kräfte verstehen. Wenn er z. B. einsieht, daß durch Anwendung von Hypnose Blasen hervorgerufen werden können (wie William James in seinen »Prinzipien der Psychologie« erklärt), so kann er auch verstehen, daß der

Geist machtvoll genug ist, körperliche Krankheiten zu heilen. Denn wenn der Geist Krankheiten hervorrufen kann, so muß er auch imstande sein, den Körper gesund zu machen. Es ist die Kraft des Geistes, die die verschiedenen Körperteile entwickelt hat, die das Wachstum der Zellen bewirkt und sie erneuern kann.

Auch bei Menschen mit starkem Willen bleibt die Autosuggestion ohne Wirkung. Diese können eher dadurch geheilt werden, daß sie innerlich an Gedanken festhalten, die ihre Willenskraft (und nicht ihre Vorstellungskraft) anregen. Bei gefühlsbetonten Menschen allerdings kann die Autosuggestion erstaunliche Wirkungen zustande bringen.

Die Kraft des Gefühls und des Willens

Bemerkenswert ist folgender Fall, der sich wirklich zugetragen hat: Ein Mann, der seine Sprache verloren hatte, gewann sie plötzlich wieder, als er sich aus einem brennenden Haus flüchtete. Es handelte sich um einen stark gefühlsbetonten Menschen, dem der Anblick der Flammen einen unerwarteten Schock versetzte, so daß er ausrief: »Feuer! Feuer!«. Die starke Erregung hatte also über die unterbewußte Vorstellung, er könne nicht sprechen, gesiegt. Dieser Fall beweist, welch große Heilkraft in tiefer Konzentration liegt.

Während meiner ersten Seereise von Indien nach Ceylon erlitt ich plötzlich einen Anfall von Seekrankheit und mußte den wertvollen Inhalt meines Magens hergeben. Dieser Vorfall war mir besonders deshalb unangenehm, weil er mir gegen meinen Willen zustieß und gerade dann, als ich zum ersten Male das Gefühl genoß, mich in einem schwebenden Zimmer (meiner Kabine) und einer schwimmenden Siedlung zu befinden. Sogleich faßte ich den Entschluß, mich nie wieder von der Seekrankheit überrumpeln zu lassen. Indem ich fest mit dem Fuß auftrat, befahl ich mir mit der ganzen Kraft meines Willens, nie wieder seekrank zu werden. Später habe ich noch manch lange Seereise gemacht, nach Japan und zurück nach Indien, was einen ganzen Monat dauerte, dann von Kalkutta nach Boston, wo ich 50 Tage unterwegs war, und später noch einmal von Seattle nach Alaska und zurück – eine Fahrt von 26 Tagen. Doch nie wieder bin ich seekrank geworden.

Anregung der Lebenskraft

Wille, Vorstellung, Vernunft oder Gefühl allein können keine körperliche Heilung vollbringen. Sie sind nichts als verschiedene Faktoren, die – je nach der Veranlagung des einzelnen – die Lebenskraft anregen können, eine Krankheit zu heilen. Wenn man z. B. mit der Kraft des Willens oder der Vorstellung ständig auf einen gelähmten Arm einwirkt, kann es geschehen, daß die Lebensenergie plötzlich in das kranke Nervengewebe schießt und den Arm heilt.

Man muß die Heilmeditationen oft und mit fester Überzeugung wiederholen, damit die Willens-, Verstandes- und Vorstellungskraft groß genug wird, die untätige Lebenskraft anzuregen und wieder in normale Bahnen zu leiten. Die Bedeutung *wiederholter, stets anwachsender* Bemühungen darf nie unterschätzt werden.

Erfolgreicher Ackerbau hängt von zwei Faktoren ab: von der Keimkraft der Saat und der Beschaffenheit des Bodens. Ebenso hängt auch eine erfolgreiche Heilung hauptsächlich von der Kraft des Heilers und der Empfänglichkeit des Patienten ab.

»Jesus fühlte alsbald an sich selbst, daß eine Kraft [d. h. Heilkraft] von ihm ausgegangen war« und »Dein Glaube hat dich gesund gemacht«.*
Aus diesen Bibelstellen geht hervor, daß sowohl die Kraft des Heilenden als auch der Glaube des Kranken nötige Voraussetzungen sind.

---

* Markus 31, 30.34

Große Heiler besitzen genaue Kenntnisse

Große Heiler, d. h. Menschen, die im Zustand göttlicher Erleuchtung leben, heilen nicht durch Zufall, sondern aufgrund ihres exakten Wissens. Da sie selbst Herr über ihre Lebenskraft sind, können sie belebende Ströme auf den Patienten übertragen und dessen Lebenskraft normalisieren. Während des Heilvorgangs sehen sie das Wirken der psychophysischen Naturgesetze, nach denen sich die Heilung an dem kranken Gewebe vollzieht, bildhaft vor sich.

Aber auch Menschen, die noch nicht auf solch hoher geistiger Stufe stehen, können sich und andere heilen, wenn sie sich einen starken Zustrom der Lebenskraft vorstellen und diesen in den kranken Körperteil lenken.

Dann kann es geschehen, daß eine körperliche, geistige oder seelische Krankheit augenblicklich geheilt wird. Ein seit Jahrhunderten verdunkelter Raum kann sofort erhellt werden, wenn man das Licht einläßt – nicht aber, wenn man versucht, die Dunkelheit auszutreiben. Man kann nie im voraus wissen, wann man geheilt wird, und sollte sich daher keine Zeitgrenze setzen. Der Glaube und nicht die Zeit wird bestimmen, wann die Heilung eintritt. Das Endergebnis hängt von der richtigen Erweckung der Lebenskraft und von der bewußten und unterbewußten Verfassung des Betreffenden ab. Unglaube wirkt lähmend auf die Lebenskraft und hindert den Großen Arzt und »Baumeister« des menschlichen Körpers daran, Sein Werk zu vollenden.

Konzentration und eigene Anstrengungen sind also wichtige Voraussetzungen, wenn man das Maß an Glauben, Willen oder Vorstellung aufbringen will, das die Lebenskraft unwiderstehlich dazu zwingt, eine Heilung zu vollziehen. Wünscht man ein bestimmtes Ergebnis aber zu schnell herbei, schwächt man die Kraft seines Glaubens. Und wenn man seinen Willen und Glaube nicht braucht, bleibt die Lebenskraft untätig, d. h., sie schlummert.

Doch es gehört Zeit dazu, die geschwächte Willens-, Glaubens- oder Vorstellungskraft in einem Patienten zu erwecken, der unter einer schweren, chronischen Krankheit leidet; denn seine Gedanken an die Krankheit haben feine Furchen in sein Gehirn gegraben. So wie es lange dauern mag, bis das Krankheitsbewußtsein in einem Menschen überhandgenommen hat, so braucht es viel Zeit, bis man das richtige Gesundheitsbewußtsein entwickelt hat.

Wenn ihr erklärt: »Ich bin gesund«, aber innerlich denkt, daß es ja doch nicht stimme, so ist die Wirkung genauso, wie wenn ihr ein stärkendes Medikament und zur selben Zeit ein Gegenmittel einnehmt, das die gewünschte Wirkung wieder zunichte macht. Ob es sich um Medikamente oder Gedanken handelt, ihr müßt immer darauf achten, daß ihr die richtigen Gedanken nicht wieder durch falsche Gedanken aufhebt. Wenn ein Gedanke eine bestimmte Wirkung haben soll, muß er von solch starker Willenskraft getragen sein, daß er allen entgegengesetzten Gedanken Widerstand leistet.

Die Wahrheit als Heilkraft

Gedanken müssen richtig verstanden und angewandt werden, ehe sie bestimmte Wirkungen haben können. Jede Idee, die im menschlichen Geist auftaucht, ist zunächst unfertig und unverdaut; sie muß dann durch tiefes Nachdenken verarbeitet werden. Alle Gedanken, hinter denen keine seelische Überzeugung steht, sind wertlos. Aus diesem Grunde haben viele Menschen keinen Erfolg mit Heilmeditationen; d. h., sie verstehen nicht die Wahrheit, auf der sie beruhen – die Wahrheit, daß der Mensch unauflöslich mit Gott verbunden ist –, und streiten daher die Heilkraft der Gedanken ab.

Heilung des Körpers, des Geistes und der Seele

Vom irdischen Gesichtspunkt aus betrachtet, ist der Mensch ein dreieiniges Wesen, das sich danach sehnt, von seinen verschiedenen Leiden befreit zu werden. Was er braucht, ist:

1. Heilung von körperlichen Krankheiten,
2. Heilung von geistigen oder psychischen Krankheiten wie Furcht, Zorn, schädlichen Gewohnheiten, Minderwertigkeitskomplexen, Mangel an Initiative und Selbstvertrauen usw. und
3. Heilung von seelischen Krankheiten wie Gleichgültigkeit, Mangel an Zielbewußtsein, geistiger Überheblichkeit und dogmatischer Gesinnung, Mißtrauen, Zufriedensein mit materiellen Dingen und Unkenntnis der Gesetze des Lebens und der göttlichen Bestimmung des Menschen.

Es ist außerordentlich wichtig, daß man allen drei Krankheitsarten die gleiche Beachtung schenkt, wenn man sie heilen oder – besser noch – verhüten will.

Die meisten Menschen konzentrieren sich nur darauf, von ihren körperlichen Beschwerden frei zu werden, weil diese so sichtbar und fühlbar sind. Sie wissen nicht, daß seelische Mißstimmungen wie Sorgen, Egoismus usw. und ihre geistige Blindheit gegenüber dem göttlichen Sinn des Lebens die eigentlichen Ursachen aller ihrer Leiden sind.

Sobald man die geistigen »Bakterien« der Unduldsamkeit, des Zorns und der Furcht vernichtet und seine Seele aus den Fesseln der Unwissenheit befreit hat, wird man nicht mehr so leicht unter körperlichen Krankheiten und materieller Not leiden.

Verhütung körperlicher Krankheiten

Um körperliche Krankheiten zu vermeiden, muß man Gottes physischen Gesetzen gehorchen.

Eßt nie zuviel! Die meisten Menschen sterben an den Folgen ihrer Eßgier und falschen Ernährung.

Befolgt die von Gott gegebenen Gesetze der Hygiene. Die geistige Hygiene (d. h. Reinerhaltung des Geistes) ist wichtiger als die körperliche, doch auch diese ist von Bedeutung und darf nicht vernachlässigt werden. Lebt aber nicht nach solch starren Regeln, daß euch die kleinste Abweichung von der gewohnten Lebensweise aus dem Gleichgewicht bringt.

Verhindert frühzeitiges Altern, indem ihr lernt, eure physische Kraft zu bewahren und den Körper – durch die Übungen der Gemeinschaft der Selbst-Verwirklichung – ständig mit dem unerschöpflichen göttlichen Lebensstrom zu versorgen.

Verhütet Arterienverkalkung durch gesunde Ernährung.

Überanstrengt euer Herz nicht; Furcht und Zorn z. B. belasten es. Verschafft eurem Herzen die nötige Ruhe, indem ihr die von der Gemeinschaft der Selbst-Verwirklichung gelehrten Methoden anwendet und euch um inneren Frieden bemüht.

Das Herz pumpt bei jeder Zusammenziehung der beiden Herzkammern schätzungsweise einen Deziliter Blut; das bedeutet, daß das Gewicht des in einer Minute gepumpten Blutes 16 Pfund beträgt. An einem Tag macht das etwa 12 Tonnen aus und in einem Jahr 4000 Tonnen. Diese Zahlen veranschaulichen die ungeheure Arbeitsleistung des menschlichen Herzens.

Viele glauben, daß das Herz während der Diastole (der rhythmisch eintretenden Erweiterung), die sich im ganzen auf neun Stunden am Tag beläuft, Ruhe erhält. Diese Periode ist jedoch keine wirkliche Ruhe, sondern nichts anderes als eine Vorbereitung für die Systole (Zusammenziehung des Herzmuskels). Die Schwingungen, die durch das Zusammenziehen der Herzkammern verursacht werden, lassen das ganze Herzgewebe auch während der Ruhepause vibrieren, so daß es in Wirklichkeit nicht ausruht.

Diese Tag und Nacht andauernde Arbeit nimmt die Herzmuskeln natürlich stark in Anspruch; deshalb trägt es wesentlich zur Gesundheit bei, wenn man diesen Muskeln Ruhe verschafft. Bewußte Herrschaft über den Schlaf, d. h. willentliches Einschlafen und Aufwachen, gehört mit zur Yogaschulung und ermöglicht es einem, den Herzschlag zu regulieren. Herrschaft über den Tod erreicht man, wenn man die Herztätigkeit bewußt steuern kann. Die Ruhe und Kraftzufuhr, die der Körper im Schlaf erfährt, ist nur ein schwacher Abglanz der wunderbaren Ruhe und Energie, die man durch den »bewußten Schlaf« erhält, in dem sogar das Herz ruht.

Paulus schreibt im ersten Korintherbrief (15, 31): »Bei dem Ruhm, den ich bei euch habe in Christus Jesus, unserm Herrn: ich *sterbe täglich.*« Das bedeutet, daß der heilige Friede, den man im Christusbewußtsein erfährt, das Herz ruhen oder stillstehen läßt. Viele Bibelstellen weisen darauf hin, daß die alten Propheten Kenntnis von dieser großen Wahrheit hatten und ihr Herz durch wissenschaftliche Meditationsmethoden oder tiefe Konzentration auf Gott ausruhen lassen konnten.

Im Jahre 1837 wurde in Indien folgender Versuch durchgeführt: Auf Befehl des Maharadschas Randschit Singh vom Pandschab ließ sich ein berühmter Fakir namens Sadhu Haridas lebendig begraben. Der Yogi blieb 40 Tage lang unter der Erde, und während der ganzen Zeit stand der umzäunte Platz unter strenger militärischer Bewachung. Nach Ablauf dieser Zeitspanne wurde er in Gegenwart vieler Würdenträger des *Durbar* (Hofes) und des Obersten Sir C. M. Wade aus London sowie verschiedener anderer Engländer der Umgebung ausgegraben. Sadhu Haridas begann wieder zu atmen und normal weiterzuleben. In einem früher von Radscha Dhyan Singh in Dschammu (Kaschmir) durchgeführten Versuch blieb Sadhu Haridas vier Monate lang unter der Erde. Er beherrschte die Kunst, seinen Herzschlag zu regulieren und das Herz willentlich ruhen zu lassen.

Verhütung geistiger Krankheiten

Bemüht euch um inneren Frieden und vertraut auf Gott. Vertreibt alle trüben Gedanken und füllt euren Geist mit Liebe und Freude. Überzeugt euch davon, daß die geistige Heilung der körperlichen Heilung überlegen ist. Und legt alle schädlichen Gewohnheiten ab, die euch nur unglücklich machen.

Verhütung seelischer Krankheiten

Um unser Bewußtsein zu vergeistigen, müssen wir es von den begrenzenden Vorstellungen, daß wir sterblich und dem Wechsel unterworfen seien, befreien. Der Körper besteht aus materialisierten Schwingungen, und dies muß erkannt werden. Das Bewußtsein von Krankheit, Verfall und Tod kann überwunden werden, wenn man die wissenschaftlichen Tatsachen kennt, die sowohl den Gesetzen der Materie als auch denen des GEISTES zugrunde liegen, wenn man die Täuschung durchschaut, daß der GEIST als Materie und das Unendliche als das Endliche erscheint. Glaubt fest daran, daß ihr Gottes Ebenbild seid, daß ihr unsterblich und vollkommen seid wie Er.

Wie wissenschaftlich erwiesen worden ist, sind selbst die Teilchen und Wellen, aus denen die Materie besteht, unzerstörbar; ebenso unzerstörbar ist die geistige Substanz des Menschen. Alle Materie ist dem Wechsel unterworfen, und auch die Seele hat wechselnde Erlebnisse. Ein tiefgreifender Wechsel wird Tod genannt; doch weder Tod noch Formveränderungen können die geistige Substanz umwandeln oder zerstören.

Es gibt verschiedene Konzentrations- und Meditationsmethoden, doch die von der Gemeinschaft der Selbst-Verwirklichung gelehrten sind die wirksamsten. Übertragt die Ruhe und den inneren Frieden, die ihr im Zustand tiefer Konzentration und Meditation erlebt, auf euer tägliches Leben. Seid immer ausgeglichen, auch angesichts widriger Umstände. Vermeidet heftige Gefühlsausbrüche und bleibt bei allen Schicksalsschlägen innerlich standhaft.

Bewertung verschiedener Heilmethoden

Es wird allgemein angenommen, daß Krankheiten durch äußere oder körperliche Ursachen hervorgerufen werden. Nur wenige Menschen wissen, daß sie durch Untätigkeit der dem Körper innewohnenden Lebenskraft entstehen. Wenn eine Zelle oder ein Gewebe, das Lebenskraft enthält, ernsthaft geschädigt wird, zieht sich die Lebenskraft aus dieser Stelle zurück, und folglich gibt es Schwierigkeiten. Medikamente, Massagen und elektrische Geräte können die Zellen nur soweit anregen, daß die Lebenskraft zurückkehrt und ihre Arbeit (Unterhalt und Ausbesserung der Zellen) wieder aufnimmt.

Wir sollten in keiner Weise fanatisch sein, sondern, je nach unserer Überzeugung, alle geeigneten Heilmethoden anwenden. Medikamente und Nahrung haben zweifellos eine chemische Wirkung auf das Blut und die Gewebe. Solange man noch von Nahrung abhängig ist, kann man nicht abstreiten, daß auch Medikamente und andere materielle Hilfsmittel auf den Körper einwirken. Sie sind so lange nützlich, als das irdische Bewußtsein im Menschen vorherrscht. Allerdings ist ihre Wirkung begrenzt, weil sie nur äußerlich angewandt werden. Am besten sind solche Methoden, die der Lebenskraft helfen, ihre innere Heiltätigkeit wieder aufzunehmen.

Medikamente sind also nützlich, weil sie chemisch auf Blut und Gewebe einwirken; und auch elektrische Geräte können eine wohltuende Wirkung haben. Doch weder Medikamente noch Elektrizität sind imstande, die Krankheit zu *heilen;* sie können nur die Lebenskraft anregen oder sie in den kranken Körperteil zurücklocken. Das Einführen fremder Stoffe, ob es sich um Medikamente oder Elektrizität oder andere äußere Mittel handelt, ist nicht wünschenswert, wenn man unmittelbar von der Lebenskraft Gebrauch machen kann.

Gottes Gesetze, angewandt auf die Materie

Salben mögen bei Hautjucken, Entzündungen, Schnittwunden usw. helfen. Wenn ihr euch den Arm oder das Bein brecht, braucht ihr die Lebenskraft nicht damit zu belasten, die verletzten Knochen wieder zusammenzufügen; denn ein geschickter Chirurg (der ja ein Kind Gottes ist und daher auch als Sein Werkzeug dient und die auf die Materie anwendbaren göttlichen Gesetze kennt) kann sie wieder in die richtige Lage bringen. Wenn ihr die geistige Kraft besitzt, einen gebrochenen Knochen sofort wieder zu heilen, um so besser; es ist aber nicht ratsam zu warten, bis ihr über solche Kräfte verfügt.

Durch Fasten, Massagen, osteopathische Behandlung und manuelle Einrenkung verschobener Wirbelkörper, Yogastellungen usw. können Stauungen in den Nerven und Wirbeln behoben werden, so daß die Lebenskraft wieder frei fließen kann.

Wie man Herrschaft über die Lebenskraft gewinnt

Andererseits ist die geistige Heilung allen physischen Heilmethoden überlegen, weil sie mit dem Willen, der Vorstellung, dem Glauben und der Vernunft arbeitet, d. h. mit Bewußtseinszuständen, die unmittelbar von innen her wirken. Sie bilden die höheren Antriebe, die die Lebenskraft anregen und steuern können, so daß sie bestimmte Aufgaben erfüllt.

Autosuggestion und Wiederholung heilkräftiger Gedanken regen die Lebenskraft zwar an; doch wenn man, was oft geschieht, bloß mental zu Werke geht, ohne die Lebenskraft bewußt mit einzubeziehen, kann man keine Verbindung zum Körper herstellen und folglich nicht immer die gewünschte Wirkung erzielen. Die Heilung ist erst dann gewiß, wenn man sowohl psychophysische Methoden anwendet als auch von seiner Willenskraft, seinem Glauben und seiner Vernunft Gebrauch macht, um die Lebenskraft zu steuern und den überbewußten Zustand zu erreichen. In diesem glückseligen Zustand schaut man die *Wirklichkeit* und versteht die unauflösliche Einheit von Materie und GEIST, in der keine Disharmonie bestehen kann.

In den Lehren der Gemeinschaft der Selbst-Verwirklichung werden Anleitungen für den

Die als Speiseraum dienende offene Veranda
im ersten Stock der Einsiedelei Sri Yukteswars
in Serampur (1935). Sri Yogananda (Mitte) sitzt
neben seinem Guru (rechts stehend).

richtigen Gebrauch des Willens gegeben, so daß man die stets tätige, vibrierende Lebenskraft in jeden Körperteil lenken kann. Wer diese Methoden anwendet, wird den inneren Strom der kosmischen Schwingungskraft deutlich fühlen können.

Die Technik der Heilmeditation

Vorbereitung

1. Setzt euch mit dem Gesicht nach Norden oder Osten. Vorzuziehen ist ein gerader Stuhl ohne Armlehnen, über den eine Wolldecke gebreitet ist. Die Decke schützt den Körper vor den magnetischen Erdstrahlen, die den Geist sonst leicht an irdische Wahrnehmungen gebunden halten.
2. Schließt die Augen, und konzentriert euch auf das verlängerte Mark (am Ende des Schädels), es sei denn, daß andere Anweisungen gegeben werden. Haltet die Wirbelsäule gerade, den Brustkorb vorgewölbt, den Unterleib flach. Atmet dreimal tief ein und aus.
3. Entspannt den Körper, und bleibt unbeweglich sitzen. Verbannt alle ruhelosen Gedanken, und zieht die Aufmerksamkeit von allen körperlichen Empfindungen zurück (Hitze oder Kälte, Geräusche usw.).

4. Denkt nicht daran, daß ihr geheilt werden möchtet.
5. Werft Angst, Zweifel und Sorgen beiseite. Seid innerlich ruhig, und vertraut auf die Wirksamkeit des göttlichen Gesetzes, das alles vermag. Laßt keinen Zweifel oder Unglaube aufkommen. Glaube und Konzentration ermöglichen es dem Gesetz, ungehindert zu wirken. Haltet an dem Gedanken fest, daß alle körperlichen Zustände wandelbar und heilbar sind und daß der Gedanke, eine Krankheit sei chronisch, auf Täuschung beruht.

Zeit: Man sollte Heilmeditationen gleich morgens nach dem Aufwachen oder abends kurz vor dem Einschlafen üben, wenn man bereits die Schwere der Müdigkeit fühlt. Gruppen können sich zu jeder beliebigen Stunde zusammenfinden.

Ort: Wenn möglich, sollte man eine ruhige Umgebung wählen. Falls die Versammlung aber an einem geräuschvollen Ort abgehalten werden muß, achtet nicht auf die Geräusche, sondern konzentriert euch ganz und gar auf die Übungen.

Methode: Ehe ihr mit den Heilmeditationen beginnt, macht euch frei von allen Sorgen und aller Ruhelosigkeit. Wählt euch eine Heilmeditation aus, und wiederholt den ganzen Text zuerst mit lauter Stimme, dann leiser und langsamer und schließlich nur noch flüsternd. Dann wiederholt die Worte nur noch in Gedanken, ohne Zunge oder Lippen zu bewegen, bis ihr fühlt, daß ihr euch tief und ununterbrochen darauf konzentrieren könnt; dies ist kein Zustand der Bewußtlosigkeit, sondern tiefste, beharrliche Konzentration auf einen einzigen Gedanken.

Wenn ihr auf diese Weise fortfahrt und immer tiefer geht, werdet ihr im Innern große Freude aufsteigen fühlen und einen wachsenden Frieden erleben. Im Zustand tiefer Konzentration fließt der Heilgedanke ins Unterbewußtsein und kehrt später gestärkt ins Wachbewußtsein zurück, das durch die Macht der Gewohnheit entsprechend beeinflußt wird.

Während das Gefühl des Friedens in euch zunimmt, dringt der Heilgedanke tiefer in das Überbewußtsein ein, um später, von unbegrenzter Kraft erfüllt, zurückzukehren, euer Wachbewußtsein zu beeinflussen und schließlich auch eure Wünsche zu erfüllen. Zweifelt nicht, dann werdet ihr selbst Zeugen dieses auf wissenschaftlichem Glauben beruhenden Wunders zu werden.

Wenn eine Gruppe Heilmeditationen durchführt, um Anwesenden oder Außenstehenden zu helfen, muß jeder darauf achten, im gleichen

Tonfall und mit unverminderter geistiger Kraft und Konzentration zu sprechen und an seinem Glauben und inneren Frieden festzuhalten.

Ein unkonzentrierter Geist schwächt die durch die Heilmeditationen erzeugte Energie und kann diesen Kraftstrom sogar von seiner Zielrichtung (dem Überbewußtsein) ablenken. Darum darf keiner sich bewegen oder innerlich unruhig werden. Die Konzentration aller Teilnehmer ist nötig, wenn man Erfolg haben will.

Bei Heilmeditationen in einer Gruppe liest der Leiter die Sätze in gleichbleibendem Tonfall vor, und die Anwesenden wiederholen dieselben Worte im gleichen Tempo und mit der gleichen Betonung.

Seelisch inspirierte Heilmeditationen

Die Gedankensamen der in diesem Buch enthaltenen Heilmeditationen sind von tiefer seelischer Inspiration durchdrungen. Sie müssen in den Acker des überbewußten Friedens gesät und mit Glauben und Konzentration »bewässert« werden, damit im Inneren jene lebendigen Schwingungen entstehen, welche die Saat zum Keimen bringen.

Viel muß geschehen, ehe die Saat der Heilmeditation Frucht bringt; d. h., alle Voraussetzungen für das Wachstum müssen gegeben sein, will man das gewünschte Ergebnis erreichen. Die Gedankensaat muß lebendig sein und darf nicht durch Zweifel, Ruhelosigkeit oder Unaufmerksamkeit geschwächt werden; man muß sie im Zustand tiefen Friedens und tiefer Konzentration in Geist und Herz säen und sie mit anhaltender Aufmerksamkeit und unerschütterlichem Glauben »bewässern«.

Vermeidet alle mechanischen Wiederholungen. Dies wird auch in folgendem biblischem Gebot ausgedrückt: »Du sollst den Namen des Herrn, deines Gottes, nicht mißbrauchen.«[*] Wiederholt die Heilmeditationen mit fester Überzeugung, Intensität und Aufrichtigkeit, bis ihr über solch große Kraft verfügt, daß ein innerer Befehl, ein starker innerer Impuls genügt, die Körperzellen zu verändern und die Seele zu Wundertaten zu bewegen.

Die verschiedenen Stufen des Singens

Vergeßt nicht, daß ihr die heilenden Worte mit der richtigen Betonung sprechen müßt, zuerst laut und dann immer leiser, bis ihr nur noch flüstert, und daß vor allem tiefe Aufmerksamkeit

---

[*] 2. Moses 20, 7

und Hingabe nötig sind. Auf diese Weise leitet ihr die Gedanken, von deren Wahrheit ihr zutiefst überzeugt seid, vom Gehörsinn ins Bewußtsein (das den Sinn der Worte erfaßt), von dort ins Unterbewußtsein oder automatische Bewußtsein und von dort ins Überbewußtsein. Wer den nötigen Glauben besitzt, wird durch diese Methode geheilt werden.

Die fünf Stufen des Singens sind: bewußtes lautes Singen, leises Singen, lautloses Singen, unterbewußtes Singen und überbewußtes Singen.

Der Kosmische Laut OM oder AMEN

Unterbewußtes Singen geschieht automatisch, in einem ununterbrochenen Fluß. Überbewußtes Singen tritt dann ein, wenn die inneren Schwingungen des Liedes zu einer lebendigen Wirklichkeit für uns werden und im Bewußtsein, Unterbewußtsein und Überbewußtsein Wurzel fassen. Wer die Aufmerksamkeit ununterbrochen auf die wahre kosmische Schwingung (das OM oder AMEN) richtet und nicht auf einen eingebildeten Ton, hat den Zustand überbewußten Singens erreicht.

Während man von einer Stufe des Singens zur nächsten schreitet, muß sich auch die geistige Einstellung ändern, d. h., die Konzentration muß sich vertiefen. Das Ziel besteht darin, den Singenden, das Gesungene und den Vorgang des Singens in eins zu verschmelzen. Der Geist muß größtmögliche Konzentration erreichen – keine Bewußtlosigkeit oder Geistesabwesenheit und keinen Schlafzustand, sondern einen Zustand derartiger Konzentration, daß alle anderen Gedanken von dem einen zentralen Gedanken angezogen werden und sich mit ihm vereinigen – wie Eisenspäne, die unwiderstehlich von einem Magneten angezogen werden.

Drei körperliche Zentren

Bei Heilmeditationen, in denen man Willenskraft anwendet, soll man die Aufmerksamkeit auf die Stelle zwischen den Augenbrauen richten; bei Heilmeditationen, in denen man mit gedanklichen Vorstellungen arbeitet, auf das verlängerte Mark*; und bei Heilmeditationen, in denen man

---

* Das verlängerte Mark und die Stelle zwischen den Augenbrauen sind in Wirklichkeit der positive und negative Pol ein und desselben Zentrums, in dem die intelligenzbegabte Lebenskraft regiert. Zuzeiten wies Paramahansaji seine Schüler an, sich auf die Stelle zwischen den Augenbrauen zu konzentrieren, und zu anderen Zeiten auf das verlängerte Mark; bei beiden handelt es sich jedoch, aufgrund ihrer Polarität, um ein und dasselbe Zentrum. Wenn sich der Blick mit ruhiger Konzentration auf die Stelle zwischen den Augenbrauen richtet, fließt der Strom aus den

seine Hingabe erweckt, auf das Herz. Zu gewissen Zeiten richtet man seinen Geist ganz von selbst auf eines dieser körperlichen Zentren; so spürt man z. B. bei einer tiefen Gemütsbewegung nur sein Herzzentrum und nicht den übrigen Körper. Bei richtigem Gebrauch dieser Heilmeditationen lernt man, seine Aufmerksamkeit bewußt auf die lebenswichtigen Quellen des Willens, der Vernunft und des Gefühls zu richten.

Ein fester, unerschütterlicher Glaube an Gott ist die wirksamste Heilmethode; sie kann augenblickliche Heilungen zustande bringen. Die höchste und dankbarste Pflicht des Menschen besteht also darin, sich mit unermüdlichem Eifer um diesen Glauben zu bemühen.

beiden Augen zuerst auf diese Stelle in der Stirn und von dort in das verlängerte Mark. Dann schaut man das »einfältige« astrale Lichtauge des verlängerten Marks, das sich in der Stirn widerspiegelt.

Kombinierte Methoden

Wenn auch nicht zu bestreiten ist, daß die geistigen Heilmethoden den physischen überlegen sind, so sind doch für diejenigen, die beide Methoden miteinander verbinden wollen, einige körperliche Übungen in dieses Buch mit aufgenommen worden.

Verbesserung der Sehkraft

Konzentriert euch mit geschlossenen Augen auf das verlängerte Mark, und versucht zu fühlen, wie die Sehkraft durch den Sehnerv in die Netzhaut der Augen fließt. Nachdem ihr euch eine Minute lang auf die Netzhaut konzentriert habt, öffnet und schließt die Augen ein paarmal hintereinander. Richtet die Augäpfel nach oben und nach unten, nach links und nach rechts. Dann bewegt sie von links nach rechts und von rechts nach links. Richtet den Blick auf die Stelle zwischen den Augenbrauen, und stellt euch den Strom der Lebenskraft vor, der vom verlängerten Mark in die Augen fließt und sie zu zwei Scheinwerfern macht. Diese Übung ist sowohl körperlich als auch geistig heilsam.

Übung für den Magen

Stellt euch vor einen Stuhl, beugt euch nach vorn, und haltet euch am Sitz fest. Atmet vollkommen aus. Während ihr den Atem anhaltet, zieht den Unterleib so weit wie möglich ein (so nahe ans Rückgrat wie möglich). Dann atmet ein, und drückt den Unterleib so weit wie möglich hinaus. Wiederholt dies 12mal. Die Yogis behaupten, daß diese Übung die Darmtätigkeit anregt (d. h. die Peristaltik und die Funktion der Magendrüsen) und dadurch zur Beseitigung von Magenleiden beiträgt.

Übung für die Zähne

Schließt die Augen, und preßt die oberen und unteren Zähne auf der linken Kieferseite fest zusammen. Lockert sie, und preßt die Zähne auf der rechten Seite zusammen. Lockert sie, und preßt die Vorderzähne zusammen. Zum Schluß preßt

Giri Bala
Die Heilige, die ohne Nahrung lebt

alle oberen und unteren Zähne auf einmal zusammen.

Verharrt ein oder zwei Minuten lang in jeder Stellung, wobei ihr euch auf den Druck der zusammengepreßten Zähne konzentriert und euch vorstellt, wie die Lebenskraft die Zahnwurzeln stärkt und alle Krankheitsherde beseitigt.

Überwindung schlechter Gewohnheiten

Gute Gewohnheiten sind eure besten Freunde. Räumt ihnen durch fortwährende gute Handlungen immer mehr Macht ein.

Schlechte Gewohnheiten sind eure schlimmsten Feinde; sie zwingen euch gegen euren Willen zu Handlungen, die euch schaden, und wirken sich nachteilig auf euer körperliches, gesellschaftliches, sittliches, geistiges und seelisches Leben aus. Hungert eure schlechten Gewohnheiten aus, indem ihr ihnen jede weitere Nahrung verweigert, d. h., indem ihr fortan nicht mehr falsch handelt.

Wahre Freiheit besteht darin, mit richtiger Unterscheidungskraft und aus freier Wahl zu handeln. Ernährt euch so, wie es euch bekommt, und nicht einfach, wie ihr es gewohnt seid.

Sowohl gute als auch schlechte Gewohnheiten brauchen Zeit, um Macht über euch zu gewinnen. Hartnäckige schlechte Gewohnheiten können durch gute Gewohnheiten ersetzt werden, wenn man diese geduldig entwickelt.

Eignet euch auf allen Gebieten gute Gewohnheiten an, bis diese die schlechten Gewohnheiten verdrängt haben. Und lebt immer mehr im Bewußtsein eurer Freiheit, denn als Kinder Gottes unterliegt ihr keinem inneren Zwang.

Die heilende Kraft des GEISTES fließt durch alle Zellen meines Körpers hindurch. Ich bin aus der einen, allumfassenden göttlichen Substanz erschaffen.

Ich bin in ewiges Licht getaucht. Es durchdringt jeden Teil meines Seins. Ich lebe in diesem Licht. Der göttliche GEIST durchdringt mich von innen und außen.

Ich entspanne mich und befreie mich von allem, was mich bedrückt, um mich für Gott empfänglich zu machen und Seine vollkommene Weisheit zum Ausdruck zu bringen.

Teil III
MEDITATIONEN ZUR SELBSTVERWIRKLICHUNG

Liebe und Anbetung

Wie man eine Meditation beginnt

Schließe die Tore der Augenlider, und sperre die erregenden und verlockenden Szenen des Lebens aus. Tauche tief in den Brunnen deines Herzens. Konzentriere dich auf dein Herz, und fühle, wie es von lebenspendendem Blut durchpulst wird. Halte die Aufmerksamkeit fest auf dein Herz gerichtet, bis du sein rhythmisches Schlagen vernimmst. Mit jedem Herzschlag fühle den Puls des allumfassenden Lebens. Stelle dir vor, wie dieses eine, alldurchdringende Leben in den Herzen von Millionen Menschen und Milliarden anderer Lebewesen pocht. Der Herzschlag verkündet unaufhörlich und mit sanfter Eindringlichkeit die Gegenwart einer unendlichen Macht, die sich hinter den Toren deines Bewußtseins verbirgt. Und dieses sanfte Pochen des alldurchdringenden Lebens flüstert dir leise zu: »Gib dich nicht mit diesem kleinen Pulsieren Meines Lebens zufrieden, sondern erweitere die Poren deines Gefühls. Laß Mich dein Blut, deinen Körper und Geist, dein Gefühl und deine Seele mit Meinem allumfassenden Leben durchfluten.«

Erweckung geistiger Freiheit

Sitze still, und halte die Wirbelsäule gerade. Schließe die Augenlider, und halte die Augäpfel ruhig. Dann löse dich von dem Gefühl körperlicher Schwere, indem du die Nervenstränge, die mit den schweren Muskeln und Knochen des Körpers verbunden sind, entspannst. Vergiß, daß du ein schweres Knochenbündel zu schleppen hast, das in ein dichtes fleischliches Gewand eingehüllt ist. Entspanne dich! Betrachte dich nicht als ein Lasttier, und denke nicht an dein Körpergewicht, sondern fühle, daß deine Seele jenseits aller stofflichen Schwere besteht. Schwebe im Segelflugzeug deiner Phantasie nach oben und nach unten, nach rechts und nach links, in die Unendlichkeit – wohin du willst! Fühle dich frei vom Körper, und meditiere darüber. Träume, lebe und fühle dich in diesen überkörperlichen

Zustand hinein, während du still sitzen bleibst.
Dann wird das Bewußtsein der Freiheit ständig
in dir zunehmen.

Erweiterung des Bewußtseins

Stelle dich auf den Kosmischen Laut ein

Konzentriere dich auf den Kosmischen Laut OM – das tiefe Summen zahlloser Atome, das auf der empfindsamen rechten Seite des Kopfes ertönt. Das ist die Stimme Gottes. Fühle, wie sich der Laut über das ganze Gehirn ausbreitet. Höre sein ununterbrochenes rhythmisches Rauschen.

Jetzt höre und fühle, wie er in die Wirbelsäule strömt und die Türen des Herzens aufsprengt. Fühle, wie er in jedem Gewebe, jedem Nervenstrang, jeder Empfindung widerhallt. Jedes Blutkörperchen und jeder Gedanke vibriert im rauschenden Meer dieser Schwingung.

Beobachte, wie sich der Kosmische Laut weiter ausdehnt. Er braust durch Körper und Geist und dringt in die Erde und die sie umgebende Atmosphäre. Und du bewegst dich mit ihm in den luftlosen Äther und in die Millionen stofflicher Universen hinein.

Meditiere über die endlose Ausdehnung des Kosmischen Lautes. Er hat die stofflichen Welten hinter sich gelassen und jene feinen, leuchtenden Strahlenäderchen erreicht, aus denen die ganze Materie aufgebaut ist.

Nun mischt sich der Kosmische Laut unter Millionen vielfarbiger Strahlen. Er hat die Sphäre kosmischer Strahlen erreicht. Höre, schaue und fühle, wie dich Kosmischer Laut und ewiges Licht umfangen. Jetzt dringt der Kosmische Laut in den feurigen Kern kosmischer Energie, und beide verschmelzen im Meer kosmischen Bewußtseins und kosmischer Freude. Der Körper löst sich im Universum auf. Das Universum zerschmilzt in der lautlosen Stimme. Der Laut zerschmilzt im alles erleuchtenden Licht. Und das Licht geht ein in den Schoß unendlicher Freude.

Das Meer des Kosmos

Wenn du fühlst, daß deine Seele, dein Herz, jeder Anflug von Inspiration, jedes Pünktchen am weiten blauen Himmel, die leuchtenden Blüten der Sterne, die Berge, die Erde, die Lerchen und die Glockenblumen alle durch das eine Band des Rhythmus, der Freude, der Einheit und des GEISTES miteinander verknüpft sind, dann wirst du wissen, daß sie alle nur Wellen in Seinem kosmischen Meere sind.

Ich wende mich nach innen

Ich war ein Gefangener, der eine schwere Last von Fleisch und Knochen trug. Doch durch die Kraft der Entspannung warf ich die Ketten des Körpers ab, die mich an die Muskeln gebunden hielten. Ich bin frei! Nun will ich versuchen, mich nach innen zu wenden.

Ihr verlockenden Landschaftsbilder, drängt euch nicht mehr vor mein Auge! Lenkt meine Aufmerksamkeit nicht ab!

Ihr bezaubernden Melodien, hört auf, meinen Geist mit weltlichen Klängen zu betören!

Ihr verführerischen Sinnesempfindungen, lähmt meine heilige Intuition nicht durch eure verlockende Berührung! Laßt mich in der Meditation zum lieblichen Garten ewiger göttlicher Liebe eilen.

Betäubender Duft des Flieders, des Jasmins und der Rosen, haltet meinen Geist auf seinem Heimweg nicht auf!

Nun sind die verführerischen Sirenen der Sinne verstummt. Die fleischlichen Bande haben sich gelockert. Die Sinne haben ihre Umklammerung gelöst. Ich atme aus und halte den stürmischen Atem an; und alle Gedankenbilder zerfließen.

Ich befinde mich auf dem Altar meines pochenden Herzens und beobachte den rauschenden Strom der Lebenskraft, der in wildem Tosen durch mein Herz in den Körper flutet. Nun wende ich mich zurück zur Wirbelsäule. Das Pochen und Rauschen des Herzens ist verstummt. Gleich einem heiligen unterirdischen Strom fließt meine Lebenskraft durch die Schlucht der Wirbelsäule. Ich schreite durch das Tor des geistigen Auges auf einen matt erleuchteten Gang und immer weiter, bis der Strom meines Lebens endlich in das Meer allen Lebens einmündet und sich in Glückseligkeit verliert.

Im Himmel der inneren Stille ahnte ich Gottes Unermeßlichkeit. Im Brunnen meines Seins trank ich von Seiner Freude. In meinem wachen Gewissen hörte ich Seine Stimme.

Ich will bewußt das Licht des allgegenwärtigen Vaters in mich aufnehmen, das mich ständig durchdringt.

O Vater, öffne die Schleusen, hinter denen die kleinen Wellen meines Lebens gefangen liegen, damit ich in das Meer Deiner Unermeßlichkeit einmünden kann.

Ausdehnung in die Ewigkeit

Unter mir und über mir, zur Rechten und zur Linken, vor mir und hinter mir, innen und außen tut sich der Abgrund der Ewigkeit auf.

Mit offenen Augen sehe ich mich als den kleinen Körper. Mit geschlossenen Augen sehe ich mich als das Zentrum des Kosmos, um das die Sphäre der Ewigkeit, die Sphäre der Glückseligkeit, die Sphäre des allgegenwärtigen, allwissenden, lebendigen Raumes kreist.

Ich fühle Gott als einen sanften Hauch der Glückseligkeit, der meinen kosmischen Körper durchweht. Ich schaue Ihn im Glanz der Sonnen und Sterne und in den Wellen des kosmischen Bewußtseins.

Ich schaue Ihn als die Sonne der Inspiration, welche die Sterne meiner Gedanken im rhythmischen Gleichgewicht hält.

Ich erlebe Ihn als eine machtvolle Stimme, die unbemerkt in den Tempeln aller menschlichen Seelen lehrt und die ganze Schöpfung durchdringt.

Er ist die Quelle der Weisheit, das Licht der Inspiration, das alle Seelen erleuchtet. Er ist der

Duft, der aus den Weihrauchschalen aller Herzen aufsteigt.

Er ist der himmlische Garten, in dem sich unsere Gedanken zu höchster Blüte entfalten. Er ist die Liebe, die all unsere Liebesträume inspiriert.

Ich fühle Ihn durch mein Herz und alle anderen Herzen, durch die Poren der Erde, den Himmel und alle erschaffenen Dinge fließen. Er ist die endlose Strömung der Freude. Er ist der Spiegel des Schweigens, in dem die ganze Schöpfung sich widerspiegelt.

Meine irdischen Erfahrungen sind nichts als ein Läuterungsprozeß, der mir helfen soll, die täuschende Vorstellung meiner Begrenztheit und Sterblichkeit zu überwinden. In Gott verwirklichen sich selbst die »unmöglichsten« Träume. (»Ich will ihm geben den Morgenstern.« – *Offenbarung 2, 28*)

Ich bin in Dein ewiges Licht eingetaucht. Es durchdringt jeden Teil meines Seins. In diesem Licht lebe ich. O göttlicher Geist, in mir und um mich herum schaue ich nichts als nur Dich.

Ich will meine physischen Augen schließen und allen irdischen Versuchungen widerstehen. Ich will das Dunkel des Schweigens durchdringen, bis sich hinter meinen Augen, die nur die relative Welt sehen, das eine innere Lichtauge öffnet. Wenn meine beiden Augen, die Gut und Böse unterscheiden, »einfältig« werden und überall nur die Güte Gottes schauen, werde ich erkennen, daß mein Körper, mein Geist und meine Seele von Seinem allgegenwärtigen Licht erfüllt sind.

Die Wirklichkeit meines Lebens kann nie vergehen, denn ich bin unzerstörbares Bewußtsein.

Alle Schleier der Unwissenheit, die meinen Alltag verdüstern, verbrennen im Licht des Christusbewußtseins, in dem ich endlich erwacht bin. Ich fühle den Geist des Jesuskindes in der Wiege der Rosenblätter, in den webenden Lichtstrahlen und in der Liebe aller aufrichtigen Herzen.

Ich bin endlos, ich bin raumlos, ich bin unermüdlich. Ich bin jenseits des Körpers, der Gedanken und der Sprache – jenseits von Geist und Materie. Ich bin unendliche Glückseligkeit.

Das Meer des Geistes ist zur kleinen Welle meiner Seele geworden. Ob die Welle meines Lebens nach der Geburt auf der Meeresoberfläche schwimmt oder nach dem Tode wieder ins Meer des Kosmos zurücksinkt – sie kann nie vergehen. Ich bin unvergängliches Bewußtsein, das geborgen im Schoße des Geistes ruht.

Nicht länger mehr bin ich die kleine Bewußtseinswelle, die sich getrennt vom Meer des kosmischen Bewußtseins glaubt. Ich bin das Meer des GEISTES, das zur kleinen Welle menschlichen Lebens geworden ist.

Gleich einem schweigenden, unsichtbaren Strom unter dem Wüstensand, so fließt der feine, unermeßliche Strom des GEISTES durch den Sand der Zeit, durch den Sand der Erfahrung, durch den Sand aller Seelen, durch den Sand aller lebendigen Atome, durch den Sand des Weltraums.

O Vater, Du bist heilige, ewig währende Freude. Du bist die Freude, nach der ich suche. Du bist die Freude der Seele. Lehre mich, Dich in der Freude der Meditation zu finden.

Der heilige Laut des OM

Lehre mich, Deiner Stimme zu lauschen, o Vater, der kosmischen Stimme, die alle Schwingung ins Leben rief. Offenbare Dich mir als OM, als das Lied des Kosmos, in dem alle Klänge verschmelzen.

O Heiliger Geist, heilige Schwingung des OM, erweitere mein Bewußtsein, wenn ich Deinem allgegenwärtigen Klang lausche. Laß mich fühlen, daß ich sowohl das kosmische Meer als auch die kleine Welle des Körpers bin, die auf ihm treibt.

O allgegenwärtiger kosmischer Laut des OM, halle in meinem Bewußtsein wider, und erweitere es, damit es sich über den Körper erhebt und das ganze Weltall umfaßt. Laß mich in Dir die alldurchdringende, unerschöpfliche Seligkeit fühlen.

Unendliche Energie, unendliche Weisheit! Erfülle mich mit Deiner göttlichen Schwingung!

O kosmischer Laut des OM, führe mich und begleite mich; leite mich aus dem Dunkel ins Licht.

Ich fliege heim

Leb wohl, du blaues Himmelszelt. Lebt wohl, ihr Sterne, ihr himmlischen Darsteller und eure Dramen auf der Leinwand des weiten Raumes. Lebt wohl, ihr lieblichen Blumen mit eurem verlockenden Duft. Ihr könnt mich nicht länger halten, denn ich fliege heim.

Lebt wohl, ihr warmen, liebkosenden Sonnenstrahlen. Leb wohl, du sanfter und tröstender Wind. Lebt wohl, unterhaltsame menschliche Melodien.

Lange genug habe ich euch genossen, mit meinen bunt kostümierten Gedanken gespielt und den Wein meiner Gefühle und meines weltlichen Willens getrunken. Doch nun bin ich aus dem Rausch der Täuschung erwacht.

Lebt wohl, ihr Muskeln, Knochen und Regungen des Körpers. Mein Atem, leb wohl! Ich stoße dich aus meiner Brust. Leb wohl, Herzschlag, lebt wohl, Gefühle, Gedanken und Erinnerungen. Ich fliege im Flugzeug des Schweigens heim, um mein Herz in Ihm schlagen zu fühlen.

Ich schwebe im Flugzeug meines Bewußtseins nach oben und unten, nach rechts und nach links, nach innen und außen und erkenne, daß ich in jedem Winkel meines kosmischen Heims immer in der heiligen Gegenwart meines Vaters gewesen bin.

Ich bin an allen Orten

Ich sehe durch die Augen aller. Ich arbeite durch die Hände aller, ich schreite durch die Füße aller.

Die Körper sämtlicher Rassen, der braun-, weiß-, gelb-, rot- und schwarzhäutigen – sie alle gehören mir.

Ich denke durch die Gedanken aller, ich träume durch die Träume aller und fühle die Empfindungen aller. Die Blumen der Freude, die in zahllosen Herzen blühen, gehören alle mir.

Ich bin das ewige Lachen. Mein Lächeln spielt auf allen Gesichtern. Ich bin die Welle der Begeisterung in allen gotterfüllten Herzen.

Ich bin der Wind der Weisheit, der die Seufzer und Tränen der ganzen Menschheit trocknet. Ich bin die stille Freude am Leben, die alle Wesen durchpulst.

Himmlischer Vater, lehre mich, in Dir meine Freiheit zu finden und zu erkennen, daß nichts auf Erden mein eigen ist, daß alles Dir gehört. Laß mich erkennen, daß Deine Allgegenwart meine Heimat ist.

O Kosmisches Schweigen, ich höre Deine Stimme im Murmeln der Bächlein, im Lied der Nachtigall, im Klang der Muschelhörner, im Rauschen des Meeres und im Summen aller Schwingungen.

Geliebter Gott, ich will Dich nicht mehr mit Worten anbeten, sondern mit der flammenden Liebe meines Herzens.

Lehre mich, hinter allen Dingen Deine Unermeßlichkeit, Deine Unwandelbarkeit zu schauen, damit ich mich selbst als einen Teil Deines unveränderlichen Wesens erkenne.

O unendliches Meer, laß die Bäche all meiner Wünsche, die sich mühsam durch unwegsame Wüsten schlängeln, schließlich in Dich einmünden.

Ich will den weiten Raum entzünden und mich in seinen lodernden Schoß werfen, ohne zu verbrennen – denn ich bin unsterblich! Ich will in die Unendlichkeit tauchen, ohne je das Ende zu erreichen. Ich will laufen und rennen und alle Dinge, alles, was sich bewegt, und die bewegungslose Leere mit meinem Lachen erfüllen.

Erwecke mich, o Himmlischer Vater, damit ich aus dem engen Grab des Fleisches zum Bewußtsein meines kosmischen Körpers aufsteige.

O ewig Liebender! Vereinige meine Liebe mit Deiner Liebe, mein Leben mit Deiner Freude und meinen Geist mit Deinem kosmischen Bewußtsein.

Laß mich nichts als Schönheit, nichts als Güte, nichts als Wahrheit, nichts als Deinen unsterblichen Brunnen der Glückseligkeit schauen.

O Göttliche Mutter, überall im weiten Raum der Schöpfung erklingen Deine rhythmischen Schritte. Ich höre sie im wilden Tanz des Donners und im sanften Reigen der Atome.

*Erklärung der Begriffe
»OM« und »Christusbewußtsein«*

In seiner *Autobiographie eines Yogi* schreibt Paramahansa Yogananda:

»›Aber der Tröster, der heilige Geist, welchen mein Vater senden wird in meinem Namen, der wird euch alles lehren und euch erinnern alles des, das ich euch gesagt habe‹ (Joh. 14, 26). Diese Bibelworte beziehen sich auf das dreifache Wesen Gottes als Vater, Sohn und Heiliger Geist (Sat, Tat, OM in den heiligen Schriften der Hindus).

Gottvater ist das Absolute, Unmanifestierte, das jenseits der vibrierenden Schöpfung existiert. Gott, der Sohn, ist das Christusbewußtsein, das innerhalb der vibrierenden Schöpfung besteht; dieses Christusbewußtsein ist die ›eingeborene‹ oder einzige Widerspiegelung des Unerschaffenen Unendlichen.

Die äußere Offenbarung des allgegenwärtigen Christusbewußtseins wird ›Zeuge‹ (Offenb. 3, 14), OM, Wort oder Heiliger Geist genannt; dieser ist die unsichtbare göttliche Macht, der einzig Handelnde, die einzige schöpferische und aktivierende Kraft, die das ganze Universum durch Schwingungen aufrechterhält. OM, der segensreiche Tröster, kann in der Meditation gehört werden; er enthüllt dem Gottsucher die letzte Wahrheit und – wird euch erinnern alles des, das ich euch gesagt habe.«

Materielle Anliegen

Verliere nie die Hoffnung

Wenn du die Hoffnung aufgegeben hast, je wieder glücklich zu werden, so fasse neuen Mut! Verliere nie die Hoffnung! Denn deine Seele – eine Widerspiegelung des ewig freudigen GEISTES – ist ihrem innersten Wesen nach das Glück selbst.

Wenn du die Augen der Konzentration geschlossen hältst, kannst du die Sonne des Glücks, die in deinem Herzen leuchtet, nicht sehen. Aber wie sehr du die Augen der Aufmerksamkeit auch zudrückst, die Strahlen des Glücks versuchen immer wieder, durch die verschlossenen Türen deines Geistes zu dringen. Öffne die Fenster der Stille; dann wirst du plötzlich in deinem Inneren eine helle Freudensonne aufleuchten sehen.

Um die freudigen Strahlen deiner Seele wahrnehmen zu können, mußt du die Aufmerksamkeit nach innen lenken. Schule deinen Geist, so daß er sich in die wunderbare Welt des Inneren versenkt, die zwar unsichtbar, aber um so fühlbarer ist. Suche dein Glück nicht nur in schönen Kleidern, gepflegten Wohnungen, schmackhaften Mahlzeiten, einem weichen Lager und in Luxusdingen; denn diese halten dein Glück hinter den Gittern der Äußerlichkeiten gefangen. Statt dessen schwebe im Segelflugzeug deiner inneren Schau über das endlose Reich der Gedanken. Schau dort die Gebirgskette hohen geistigen Strebens, wo du und andere zum Gipfel der Vollkommenheit aufsteigen können.

Gleite über die tiefen Täler allumfassenden Mitgefühls. Fliege über die Fontänen der Begeisterung und die Kaskaden ewiger Weisheit, die sich auf die altehrwürdigen Felsen deines seelischen Friedens ergießen. Schwebe über den endlosen Strom intuitiver Wahrnehmung, der dich ins Reich Seiner Allgegenwart führt.

Dort, an der Stätte der Glückseligkeit, trinke vom flüsternden Brunnen der Weisheit, und lösche den Durst deiner Wünsche. Speise mit Ihm im Festsaal der Ewigkeit, und genieße die Früchte göttlicher Liebe. Wenn du fest entschlossen bist, das Glück in dir selber zu suchen, so wirst du es früher oder später auch finden. Suche es von nun an täglich, indem du immer tiefer und beharrlicher meditierst. Gib dir alle Mühe, nach innen zu tauchen; dort wirst du das langersehnte Glück finden.

Das Licht des Lächelns

(Meditiere hierüber, durchdenke es, und wende es im täglichen Leben an.)

Ich will das Streichholz des Lächelns entzünden. Dann wird der Schleier meiner Schwermut entschwinden, und ich schaue meine Seele, die jahrhundertelang in Finsternis gehüllt war, im Licht meines Lächelns. Wenn ich mich selbst gefunden habe, will ich mit der Fackel meines Lächelns durch alle Herzen laufen. Zuerst wird mein Herz lächeln, dann meine Augen und mein Gesicht; und schließlich wird das Licht meines Lächelns jeden Teil meines Körpers erleuchten.

Ich will in das Dickicht trauriger Herzen dringen und alle Sorgen in einem Freudenfeuer verbrennen. Ich bin das unwiderstehliche Feuer des Lächelns. Ich fächle mir den Wind göttlicher Freude zu und bahne mir meinen Weg durch die dunklen Gedanken der anderen. Mein Lächeln soll Sein Lächeln offenbaren, und jeder, der mir begegnet, soll einen Hauch dieser göttlichen Freude erhaschen. Ich will duftende, reinigende Fackeln des Lächelns in alle Herzen tragen.

Ich will die Weinenden zum Lächeln bringen, indem ich auch dann lächle, wenn es mir schwerfällt.

In allen fröhlichen Herzen höre ich das Echo Deiner Glückseligkeit. In der Freundschaft aller aufrichtigen Herzen entdecke ich Deine Freundschaft. Ich freue mich am Reichtum meiner Brüder genauso wie an meinem eigenen. Indem ich anderen zu größerer Einsicht verhelfe, vertiefe ich meine eigene Weisheit. Im Glück aller anderen finde ich mein eigenes Glück.

Nichts kann mein Lächeln verdunkeln. Weder Tod noch Krankheit, noch Fehlschlag können mich schrecken. Kein Unglück kann mich wirklich berühren, denn ich besitze die unbesiegbare, unwandelbare, ewig neue Glückseligkeit Gottes.

O stilles, göttliches Lachen, throne Du auf meinem Antlitz, und lächle durch meine Seele.

Ich will zu einem Glücksmillionär werden und meinen Reichtum in der Währung Deines Reiches suchen: der ewig neuen Glückseligkeit. Dann werden auch all meine seelischen und materiellen Bedürfnisse befriedigt.

Göttliche Freude verbreiten

Jeden Tag, wenn der Morgen dämmert, will ich damit beginnen, meine Freude auf alle auszustrahlen, die mir begegnen. Ich will der geistige Sonnenschein für alle sein, die meinen Weg kreuzen. In den Herzen der Freudlosen will ich Kerzen des Lächelns anzünden. Das strahlende Licht meines Frohsinns soll alle Dunkelheit vertreiben.

Das Lächeln meiner Liebe soll alle Herzen und die Menschen aller Rassen erfassen. Meine Liebe soll im Herzen der Blumen und Tiere und in den kleinsten Sternenstäubchen wohnen.

Ich will mich bemühen, in allen Lebenslagen glücklich zu sein. Ich will mir vornehmen, in diesem Augenblick, wo ich mich auch befinden mag, innerlich glücklich zu sein.

Laß meine Seele durch mein Herz lächeln, und laß mein Herz durch meine Augen lächeln, damit ich den Reichtum Deines Lächelns in alle traurigen Herzen streuen kann.

Ich will in meinem Leben immer das vollkommene, gesunde, allwissende und selige Ebenbild Gottes vor Augen haben.

Gottes heilendes Licht

Dein göttliches Licht durchdringt jeden Teil meines Körpers. Wo immer dieses heilende Licht erstrahlt, ist Vollkommenheit. Ich bin gesund, denn in mir ist Vollkommenheit.

Dein heilendes Licht leuchtete schon immer in mir und umgab mich allezeit. Ich aber hielt die Augen meiner inneren Wahrnehmung geschlossen, so daß ich Dein verwandelndes Licht nicht sehen konnte.

Ich will den Blick meines Glaubens durch das Fenster des geistigen Auges lenken und meinen Körper im heilenden Licht des Christusbewußtseins taufen.

Himmlischer Vater, lehre mich, immer an Dich zu denken – ob ich reich oder arm, gesund oder krank, wissend oder unwissend bin. Lehre mich, meine Augen, die der Unglaube geschlossen hält, zu öffnen und Dein unmittelbar heilendes Licht zu schauen.

Gesundheit und Lebenskraft

Heute will ich die göttliche Lebenskraft in der Sonne fühlen und meinen Körper in ihrem Licht baden. Ich will dankbar für das lebensspendende, krankheitszerstörende Gottesgeschenk sein, das ich durch ihre ultravioletten Strahlen empfange.

Himmlischer Vater, meine Körperzellen bestehen aus Licht; die Zellen meines Fleisches sind von Dir erschaffen. Sie sind GEIST, denn Du bist GEIST; sie sind unsterblich, denn Du bist das Leben.

Das Licht Deiner Gesundheit und Vollkommenheit durchleuchtet die dunklen Schlupfwinkel, in denen meine Krankheit nistet. In all meinen Körperzellen scheint Dein heilendes Licht. Sie sind heil und gesund, weil Deine Vollkommenheit sie durchdringt.

Ich erkenne, daß ich meine Krankheit selbst verursacht und gegen die Gesetze der Gesundheit verstoßen habe. Ich will den Schaden durch richtige Ernährung, körperliche Bewegung und richtiges Denken wiedergutmachen.

Im Glauben an meinen Vater sehe ich die Schatten der Krankheit auf immer entschwinden. Ich erkenne voll und ganz, daß Sein Licht allgegenwärtig ist und daß meine selbsterzeugte Dunkelheit mich nur dann überwältigen kann, wenn ich die Augen meiner Weisheit absichtlich schließe.

Hilf mir, Vater, damit ich aus eigenem Antrieb lerne, mich einfach und natürlich zu ernähren. Laß mich nie zu einem Opfer der Gier werden und mir dadurch Schaden zufügen.

Himmlischer Vater, erfüll meinen Körper mit Deiner Lebenskraft, mein Bewußtsein mit Deiner Geisteskraft und meine Seele mit Deiner Freude und Deiner Unsterblichkeit.

Himmlischer Vater, laß Deine unsichtbaren Strahlen durch meine Adern fließen, damit sie mich stark machen und alle Müdigkeit vertreiben.

Hinter meinen Augen liegt das eine allsehende Auge. Meine Augen sind kräftig, denn Du blickst durch sie hindurch.

Ich bin nicht der Körper

Geliebter Gott, ich weiß, daß ich weder der Körper noch das Blut, noch die Energie, noch die Gedanken, noch das Gemüt, noch das Ich, noch das astrale Selbst bin. Ich bin die unsterbliche Seele, die sie alle erleuchtet und in allen veränderlichen Formen unwandelbar bleibt.

Ewige Jugend des Körpers und Geistes, bleibe immer und ewig, immer und ewig in mir!

Immer mehr will ich meine Energie aus dem unbegrenzten inneren Reservoir des kosmischen Bewußtseins schöpfen und immer weniger aus den äußeren Energiequellen des Körpers.

O Vater, Deine unbegrenzte, alles heilende Kraft ist in mir. Möge Dein Licht die Nacht meiner Unwissenheit erhellen!

O GEIST, lehre mich, den Körper durch Deine kosmische Energie und den Geist durch Konzentration und Frohsinn zu heilen.

Gedankensendungen an andere

Richte den Blick deiner unruhigen Augen auf die Stelle zwischen den Augenbrauen. Tauche tief in den heiligen Stern der Meditation*. Sende denen, die dir in diesem Leben nahestehen, und denen, die bereits in ihren Lichtkörpern vorausgegangen sind, fortwährend Gedanken der Liebe.

Auch wenn wir körperlich weit voneinander entfernt sind, gibt es für Geist und Seele keinen trennenden Raum. In Gedanken sind wir unseren Lieben immer nahe.

Sende oft folgenden Gedanken aus: »Ich freue mich am Glück all meiner Lieben, die sich hier auf Erden und in der jenseitigen Welt befinden.«

Ich will zuerst nach dem Reich Gottes trachten und die Gewißheit haben, daß ich wirklich eins mit Ihm bin. Wenn es dann Sein Wille ist, werden mir auch alle anderen Dinge wie Weisheit, Wohlstand und Gesundheit als mein göttliches Erbteil

---

* »Während tiefer Meditation wird das geistige Auge (das in verschiedenen heiligen Schriften auch als drittes Auge, Stern aus dem Morgenland usw. bezeichnet wird) in der Mitte der Stirn sichtbar. Der Wille, der von dieser Stelle ausgesandt wird, ist die *Sendestation* der Gedanken. Das still im Herzen konzentrierte Gefühl dagegen macht den Menschen zu einem geistigen Radio, das die Botschaften anderer Personen von nah und fern *empfangen* kann.« – *Autobiographie eines Yogi*

zufallen, denn Er hat mich nach Seinem Bilde geschaffen.

Vater, ich bin wie der verlorene Sohn aus dem Haus Deiner Allmacht fortgelaufen. Nun aber kehre ich in Dein Haus der Selbst-Verwirklichung zurück. Ich verlange nach den guten Dingen, die Du besitzt, denn sie gehören auch mir. Ich bin Dein Kind.

Ich bin ein Ebenbild des höchsten GEISTES. Mein Vater ist im Besitz aller Dinge. Ich und mein Vater sind eins. Wenn ich den Vater habe, so habe ich alles, denn alles, was Sein ist, ist auch mein.

Himmlischer Vater, ich habe erkannt, daß mir alles Streben nach weltlichen Zielen, auch wenn es von höchstem Erfolg gekrönt ist, nur flüchtige Freuden bieten kann. Doch wenn ich eins mit Dir werde, habe ich das Reservoir unendlicher Glückseligkeit gefunden.

Freundschaft und Hilfsbereitschaft

Ich will als ein unerkannter Freund in empfänglichen Herzen wohnen und immer heilige Gefühle in ihnen erwecken. Schweigend will ich sie durch ihre eigenen edlen Gedanken aus ihrem irdischen Schlummer rütteln. Im unsichtbaren Hain der Stille, der vom Licht der Weisheit durchflutet wird, will ich mit allen ihren Freuden tanzen.

Ich will jeden, der sich für meinen Feind hält, als meinen göttlichen Bruder betrachten, der sich hinter dem Schleier des Mißverständnisses verbirgt. Ich will den Schleier mit dem Dolch der Liebe zerreißen, damit dieser Bruder mein demütiges und verzeihendes Verhalten sieht und meinen guten Willen nicht länger verkennt.

Das Tor meiner Freundschaft wird jederzeit für all meine Brüder offen stehen – ob sie mich hassen oder lieben.

Ich will anderen dasselbe Mitgefühl schenken wie mir selbst. Ich will mir meine eigene Erlösung dadurch verdienen, daß ich meinen Mitmenschen diene.

Wenn ich, wie Christus, allen Menschen meine Freundschaft anbiete, so weiß ich, daß ich die kosmische Liebe – die Gott ist – zu fühlen beginne. Menschliche Freundschaft ist das Echo der Freundschaft Gottes. Das größte Beispiel, das Jesus Christus uns gegeben hat, besteht darin, daß er Haß mit Liebe vergalt. Haß mit Haß zu vergelten ist leicht; aber Haß mit Liebe zu vergelten ist schwerer und beweist echte Größe. Ich will alle Haßgefühle in der Feuersbrunst meiner sich ständig ausbreitenden Liebe verbrennen.

Ich will mir von jedem Volk das Beste aneignen. Ich will die guten Eigenschaften aller Nationen bewundern und meine Aufmerksamkeit nicht auf ihre Fehler richten.

Heute will ich mich über die Schranken der Eigenliebe und die Familienbande erheben und mein Herz so weit machen, daß es alle Kinder Gottes umfaßt. Ich will ein Feuer allumfassender Liebe anzünden und erkennen, daß mein Himmlischer Vater im Tempel aller natürlichen Bindungen wohnt. Ich will all mein Verlangen nach Liebe in der heiligen Liebe zu Gott läutern und stillen.

Ich will allen dienen

O Spender unendlicher Glückseligkeit! Aus Dankbarkeit für das göttliche Glück, das Du mir geschenkt hast, will ich mich bemühen, andere wahrhaft glücklich zu machen. Ich will die Freude meines Herzens mit allen teilen.

Heute will ich allen vergeben, die mich je gekränkt haben. Ich will allen dürstenden Herzen meine Liebe schenken – solchen, die mich lieben, und solchen, die mich nicht lieben.

Ich will zu einem Seelenfischer werden. Ich will die Unwissenheit anderer Menschen im Netz meiner Weisheit fangen und sie dem höchsten Gott darbieten, damit Er sie verwandle.

Ich will immer Liebe und guten Willen auf andere ausstrahlen und ihnen damit den Zugang zur Liebe Gottes öffnen.

Ich weiß, daß mich das Licht Deiner Güte erfüllt. Laß mich zu einem Leuchtfeuer für alle werden, die auf dem stürmischen Meer des Leidens umhertreiben.

Ich bin bereit, allen zu dienen und den Hilfesuchenden mit meinen einfachen Ratschlägen, mit der Heilkraft der Wahrheit und mit dem bescheidenen Wissen, das ich im Heiligtum meines Schweigens gesammelt habe, beizustehen. Mein höchstes Bestreben ist es, jedem, der mir begegnet, zu helfen, in seiner eigenen Seele einen Tempel des Schweigens zu errichten.

Göttlicher Reichtum

Der König des Universums ist mein Vater. Ich bin der Kronprinz, der Erbe Seines Königreichs, das alle Macht, alle Schätze und alle Weisheit umfaßt.

Ich bin aus Vergeßlichkeit zum Bettler geworden und habe es versäumt, mein göttliches Erbteil zu fordern.

O Vater, ich wünsche mir Reichtum, Gesundheit und Weisheit in Hülle und Fülle – doch nicht aus irdischen Quellen! Laß mich alles aus Deinen allbesitzenden, allmächtigen, allgütigen Händen empfangen.

Ich will kein Bettler sein und um begrenzte irdische Besitztümer, Gesundheit und Wissen bitten. Ich bin Dein Kind und fordere als solches meinen Anteil an Deinem grenzenlosen Reichtum.

Vater, laß mich fühlen, daß ich Dein Kind bin. Erspare es mir, betteln zu müssen. Laß mir alle guten Dinge – einschließlich Gesundheit, Wohlstand und Weisheit – zufallen, so daß ich ihnen nicht nachjagen muß.

Herr, lehre mich, dankbar für all die Jahre zu sein, in denen ich mich guter Gesundheit erfreute.

Ich will immer weniger Geld ausgeben – nicht aus Geiz, sondern aus Selbstbeherrschung. Ich will weniger ausgeben, um mehr sparen zu können und mir und meiner Familie materielle Sicherheit zu verschaffen. Auch will ich all meinen Brüdern, die in Not sind, großzügig helfen.

Das Reich der Planeten und alle Güter dieser Welt gehören Dir, mein Göttlicher Vater. Ich bin Dein Kind. Deshalb gehören mir alle Dinge genauso wie Dir.

Vater, lehre mich, bei all meinen Bemühungen um eigenen Wohlstand auch für das Wohl anderer zu sorgen.

Der Eine in allen

Ich will den Unsichtbaren in den sichtbaren Körpern meines Vaters, meiner Mutter und meiner Freunde sehen, die auf die Erde gesandt wurden, um mich zu lieben und mir zu helfen. Indem ich sie alle liebe, will ich meine Liebe zu Gott beweisen. In ihrer menschlichen Zuneigung will ich nur die eine allumfassende Liebe Gottes erkennen.

Ich neige mich vor Christus in den Tempeln all meiner menschlichen Brüder und im Tempel allen Lebens.

O Vater, laß mich fühlen, daß Du die Kraft hinter allem Reichtum – der Gehalt aller Dinge bist. Wenn ich Dich als erstes finde, dann finde ich in Dir auch alles andere.

Ich weiß, daß ich überall, wo die Menschen meine Bemühungen, Gutes zu tun, anerkennen, meine größten Dienste erweisen kann.

O Göttlicher Gesetzgeber, da alles, was geschieht, mittelbar oder unmittelbar von Deinem Willen regiert wird, will ich mein Bewußtsein während der Meditation mit Deiner Gegenwart erfüllen und dadurch alle Probleme des Lebens lösen.

Gott ist Frieden. Gib dich ganz dem unendlichen Frieden hin, der dein Inneres erfüllt. Gott ist die ewig neue Freude der Meditation. Gib dich ganz der großen Liebe anheim, die in deinem Herzen wohnt.

O unendlicher Gott, offenbare mir in all meinen Freuden und im Feuer göttlicher Liebe immer Dein leuchtendes Antlitz!

Der indische Botschofter in den Vereinigten Staaten, Sri Binay R. Sen, und Sri Yogananda im Mutterzentrum der *Self-Realization Fellowship*, Los Angeles, 1952. Botschafter Sen erwähnte in einer Ansprache: »Hätten wir heute einen Mann wie Paramahansa Yogananda in den Vereinten Nationen, sähe es wahrscheinlich besser in der Welt aus.«

Laß mich erkennen, daß Du die Kraft bist, die mich gesund und glücklich erhält und mich nach Deiner Wahrheit suchen läßt.

Ich bin ein Funke der Ewigkeit. Ich bin weder Fleisch noch Knochen. Ich bin Licht.

Indem ich anderen zum Erfolg verhelfe, finde ich meinen eigenen Reichtum. Im Glück der anderen finde ich mein eigenes Glück.

Gebet für eine Vereinigte Welt

von Paramahansa Yogananda

Mögen die Herrscher sämtlicher Länder und Rassen zu der Erkenntnis gelangen, daß die Menschen aller Nationen körperlich und geistig eine Einheit bilden. Körperlich, weil wir alle die Nachkommen der gleichen Stammeseltern sind – des symbolischen Paares Adam und Eva –, und geistig, weil wir die unsterblichen Kinder unseres Vaters sind, um die sich seit je das einigende Band der Brüderlichkeit schlingt.

Laßt uns von Herzen um eine Vereinigung der Seelen, um eine Vereinigte Welt beten. Auch wenn uns Rasse, Glaubensbekenntnis, Hautfarbe, soziale Stellung und politische Vorurteile voneinander zu trennen scheinen, so sind wir als Kinder des einen Gottes dennoch fähig, uns als Brüder – und die Welt als eine Einheit zu fühlen. Mögen wir alle am Aufbau einer Vereinigten

Welt mithelfen, in der jede Nation zu einem nützlichen Glied des Ganzen wird und sich – durch das feinfühlige Gewissen der Menschen – von Gott leiten läßt.

Im eigenen Herzen können wir uns alle bemühen, frei von Haß und Selbstsucht zu werden. Laßt uns für Eintracht zwischen den Nationen beten, damit sie alle Hand in Hand einer neuen, vielversprechenden Zivilisation entgegenschreiten.

Teil IV
RELIGION ALS WISSENSCHAFT

Vier grundlegende religiöse Methoden

Die Notwendigkeit religiöser Methoden

In den Kapiteln eins bis drei haben wir festgestellt, daß die eigentliche Ursache all unserer Schmerzen und Begrenzungen in der Identifizierung mit unserem Körper und Geist zu suchen ist, daß wir wegen dieser Identifizierung Erregungszustände wie Schmerz und Lust durchmachen und fast abgestumpft gegen den Zustand der Glückseligkeit (des Gottesbewußtseins) sind. Wir haben ebenfalls festgestellt, daß das wesentliche Merkmal der Religion darin besteht, Schmerzen zu vermeiden und reine Glückseligkeit (oder Gott) zu erlangen.

Ebenso wie eine bewegte Wasserfläche das wahre Bild der Sonne nicht widerspiegeln kann, so können auch wir unser wahres, glückseliges

Selbst – die Widerspiegelung des universellen GEISTES – nicht verstehen, solange wir uns mit den wechselhaften Zuständen des Körpers und Geistes identifizieren. So wie bewegtes Wasser das wahre Bild der Sonne entstellt, so entstellt auch ein durch Identifizierung gestörter Geisteszustand das wahre, ewig glückselige Wesen des inneren Selbst.

In diesem Kapitel sollen nun die einfachsten, praktischsten und wichtigsten Methoden besprochen werden, die jeder Mensch befolgen kann, um sich von jener verhängnisvollen Identifizierung mit seinem vergänglichen Körper und Geist frei zu machen und dadurch Leid zu vermeiden und wahre Glückseligkeit zu finden, worin die Religion ja besteht.

Die grundlegenden Methoden, die mit religiösen Handlungen zu tun haben, können daher als religiös betrachtet werden, denn nur durch jene kann sich das geistige Selbst von seiner Identifizierung mit Körper und Geist und deshalb auch von Leid befreien und immerwährende Glückseligkeit, oder Gott, erreichen.

Der »Gottessohn« und der »Menschensohn«

Wenn Christus sich als »Gottes Sohn« bezeichnete, so meinte er damit den universellen GEIST, der ihm innewohnte. Im Johannes-Evangelium,

Kapitel 10, Vers 36, spricht Jesus von sich als dem, »den der Vater geheiligt und in die Welt gesandt hat«, und sagte: »Ich bin Gottes Sohn.«

Doch zu anderen Zeiten nannte Christus sich »des Menschen Sohn«, womit er seinen physischen Körper meinte, der von Menschen abstammt, d. h. das Fleisch, das von einem anderen menschlichen Körper geboren worden war. Im Matthäus-Evangelium, Kapitel 20, Vers 18–19, spricht Jesus zu seinen Jüngern: »Siehe, wir ziehen hinauf nach Jerusalem, und des Menschen Sohn wird den Hohenpriestern überantwortet werden ... und sie werden ihn überantworten den Heiden ... ihn zu kreuzigen.«

Im Johannes-Evangelium, Kapitel 3, Vers 5–6, spricht Christus: »Es sei denn, daß jemand geboren werde aus Wasser [der Schwingung des OM oder *Amen,* dem Heiligen Geist, der unsichtbaren Kraft, welche die ganze Schöpfung aufrechterhält – d. h. Gott in Seiner immanenten Eigenschaft als Schöpfer] und Geist, so kann er nicht in das Reich Gottes kommen. Was vom Fleisch geboren wird, das ist Fleisch; und was vom Geist geboren wird, das ist Geist.« Diese Worte bedeuten, daß wir, solange wir nicht *über die Grenzen des Körpers hinausgelangen* und uns als GEIST erkennen, auch nicht in das Reich Gottes oder den universellen GEIST eingehen können.

Derselbe Gedanke wird in folgendem Sanskritvers aus den heiligen Schriften der Hindus zum Ausdruck gebracht: »Wer sich vom Körper lösen kann und sich als Geist erkennt, ist frei von allem Leid und lebt in ewiger Seligkeit.«

Es gibt nun *vier* grundlegende oder universelle religiöse Methoden; wer die eine oder andere im täglichen Leben anwendet, wird allmählich die ihm von Körper und Verstand auferlegten Fesseln abwerfen können. Diese vier Methoden schließen alle erdenklichen religiösen Übungen ein, die je von den großen Heiligen, Weisen und Propheten gelehrt worden sind.

Der Ursprung des Sektierertums

Ein Prophet schreibt den Menschen bestimmte religiöse Übungen vor, die gewöhnlich in Form einer Lehre zusammengefaßt werden. Menschen mit engem Gesichtskreis, die den wahren Gehalt seiner Lehre nicht erfassen, sehen jedoch nur deren exoterische oder äußere Bedeutung und halten schließlich nur noch an starren Regeln und liturgischen Überlieferungen fest. Dies aber führt unweigerlich zum Sektierertum.

Das Gebot, man solle am Sabbat von aller Arbeit ruhen, wurde derart ausgelegt, daß man sich jeder Tätigkeit, auch der religiösen, enthalten müsse. Hierin liegt die Gefahr der engstirnigen Auslegung. Wir müssen uns daran erinnern, daß wir nicht für den Sabbat erschaffen wurden, sondern der Sabbat für uns, daß wir nicht dazu da sind, den Regeln zu dienen, sondern daß die Regeln uns dienen sollen und daß sie sich in demselben Grade ändern, wie wir uns ändern. Wir müssen uns also an den Kern einer Regel halten und uns nicht dogmatisch an ihre äußere Form klammern.

Für viele ist der Wechsel von Sitten und Gebräuchen gleichbedeutend mit einem Übertritt von einer Religion zur anderen. Dabei ist der wesentliche Gehalt aller von den verschiedenen Propheten verkündeten Lehren der gleiche. Doch die meisten Menschen verstehen dies nicht.

Ebensogroß aber ist die Gefahr der einseitig intellektuellen Deutung. Menschen mit ausgeprägtem Intellekt versuchen, die höchste Wahrheit, die uns nur durch eigene Verwirklichung offenbart werden kann, allein mit dem Verstand zu erfassen. Verwirklichung ist etwas anderes als ein bloß verstandesmäßiges Begreifen. Wir können unmöglich rein verstandesmäßig wissen, wie süß Zucker schmeckt, wenn wir ihn nie gekostet haben. Ebenso erwächst alle religiöse Erkenntnis nur aus echtem seelischem Erleben. Das vergessen wir oft, wenn wir uns bemühen, mehr über Gott und religiöse Dinge zu erfahren. Denn nur selten versuchen wir, dieses

Wissen aus der Quelle unseres inneren Erlebens zu schöpfen.

Es ist bedauerlich, daß so viele hochintelligente Menschen, die guten Gebrauch von ihrem Verstand machen, um die Naturwissenschaften zu ergründen, der Meinung sind, daß auch die religiösen und sittlichen Wahrheiten mit dem Verstand erfaßt werden könnten. Wenn es darum geht, die höchste Wahrheit zu erkennen, ist ihnen ihr Intellekt oder ihre Vernunft leider oft keine Hilfe, sondern eher ein Hindernis; denn die höchste Wahrheit kann man nur dann erfassen, wenn man seine ganze Lebensweise entsprechend ändert.

Wir wollen nun näher auf die vier Wege eingehen, die uns dem religiösen Ziel näher bringen.

Erste Methode: Der Weg des Denkens

Die intellektuelle Methode ist der allgemein übliche und natürliche Weg, auf dem man jedoch nicht so schnell ans Ziel gelangt.

Die intellektuelle Entwicklung ist für alle vernunftbegabten Wesen etwas Selbstverständliches, etwas, das alle miteinander gemein haben. Was uns von den niedrigeren Tieren unterscheidet, ist unser Ichbewußtsein. Tiere haben zwar ein Bewußtsein, sind sich aber nicht ihrer selbst bewußt.

Ein Überblick über die verschiedenen Entwicklungsstufen zeigt uns, daß das anfängliche Bewußtsein im Laufe der Entwicklung zum Ichbewußtsein geworden ist, d. h., daß sich aus dem tierischen Bewußtsein die Ichvorstellung entwickelt hat. Da das Bewußtsein ständig bestrebt ist, sich zu befreien, d. h., sich durch sich selbst zu erkennen, wird es nach und nach zum Ichbewußtsein. Dieser Wandel ist entwicklungsbedingt und notwendig, und das ist auch der Grund für die allen Menschen gemeinsame Denktätigkeit. Auf diese Weise versucht das Selbst, das sich mit allen möglichen körperlichen und geistigen Zuständen identifiziert, allmählich und auf natürlichem Wege, durch sich selbst zu sich selbst zurückzufinden.

Das bewußte Denken ist eine der Methoden, mit denen sich das Selbst über die Grenzen des Körpers und Geistes zu erheben versucht. Daher ist es ganz natürlich für das geistige Selbst, zu versuchen, zu sich selbst zurückzufinden – seinen verlorenen Zustand wiederzugewinnen –, indem es sein Denken entwickelt; das entspricht der Evolution der ganzen Welt.

Der universelle GEIST offenbart sich in allen Entwicklungsstadien – den niederen wie auch den höheren. Stein und Erde haben kein Leben und Bewußtsein – jedenfalls nicht in dem Sinne, wie wir es verstehen. In den Bäumen finden wir vegetatives Wachstum – eine Lebensentfaltung, aber noch kein selbständiges Leben und kein bewußtes Denken. Die Tiere haben Leben und sind sich des Lebens auch bewußt. Der Mensch als höchstentwickeltes Wesen hat nicht nur Leben und Bewußtsein dieses Lebens, sondern ist sich auch des Selbst bewußt (d. h., er hat Selbst-Bewußtsein).

Es ist also natürlich für den Menschen, sich durch Denken und Urteilen, durch Bücherstudium, selbständige Forschungsarbeit und langwierige Untersuchungen der Ursachen und Wirkungen im Bereich der Natur weiterzuentwickeln.

Je tiefer ein Mensch nachdenkt, um so mehr macht er von jener »Methode« Gebrauch, durch die er im Laufe der Welt-Evolution zu dem geworden ist, was er ist (d. h. der Methode, durch die das Bewußtsein zum Ichbewußtsein wird), und um so näher kommt er, bewußt oder unbewußt, dem wahren Selbst, denn *sobald wir denken, erheben wir uns über den Körper.*

Wer diesem Weg beharrlich folgt, wird sichere Ergebnisse erlangen. Denkübungen, wie sie das wissenschaftliche Studium erfordert, entwickeln zwar das Ichbewußtsein, sind aber längst nicht so wirksam wie jene Denktätigkeit die allein darauf hinzielt, den Körper zu überwinden und die Wahrheit zu erkennen.

In Indien bezeichnet man diesen Weg des

Denkens in seiner höchsten Form als *Jnana-Yoga* – das Erwerben echter Weisheit durch innere Sammlung und Unterscheidungskraft, indem man sich z. B. ständig ermahnt: »Ich bin nicht der Körper. Das an mir vorüberziehende Drama der Schöpfung kann mein wahres Selbst nicht berühren. Ich bin GEIST.«

Ein Nachteil dieses Weges ist jedoch, daß sich der Mensch auf diese Weise nur sehr *langsam* höherentwickelt und viel Zeit braucht. Wenn er durch diese Methode auch sein Ichbewußtsein entfaltet, so wird sein wahres Selbst immer noch von vielen vorübergehenden Gedanken abgelenkt, zu denen es keine wirkliche Beziehung hat.

Ruhe des GEISTES ist etwas, was jenseits aller Gedanken und körperlichen Empfindungen liegt, obgleich sie – wenn man sie einmal erreicht hat – auf diese übergeht.

Zweite Methode: Der Weg der Hingabe

Dieser besteht darin, daß wir versuchen, unsere Aufmerksamkeit auf einen bestimmten geistigen Gegenstand zu richten und nicht auf eine Folge von Gedanken und Gegenständen (wie in der intellektuellen Methode).

Der Weg der Hingabe schließt alle Arten der Gottesverehrung ein (z. B. das Gebet, bei dem alle Gedanken an weltliche Dinge ausgeschaltet werden sollten). Das geistige Selbst soll sich in tiefer Ehrfurcht auf irgend etwas Geistiges konzentrieren – sei es die Vorstellung eines persönlichen Gottes oder die überpersönliche Allgegenwart des GEISTES. Wichtig ist vor allem, daß sich der Gottsucher *in vollem Ernst* auf seine Andachtsübungen konzentriert.

Durch diese Methode kann sich das Selbst allmählich von störenden Gedanken – die zweite Art der Ablenkung – frei machen und hat Zeit und Gelegenheit, in sich selbst über sich selbst nachzudenken. Wenn wir tief im Gebet versunken sind, vergessen wir alle körperlichen Wahrnehmungen und schalten automatisch alle störenden Gedanken aus, die unsere Aufmerksamkeit in Anspruch nehmen wollen.

Je inniger unser Gebet um so größer die innere Befriedigung; und diese wird zum Prüfstein, anhand dessen wir feststellen können, ob wir dem Gott der Glückseligkeit nähergekommen sind. Wenn es uns gelingt, die körperlichen Empfindungen abzuschalten und die flüchtigen Gedanken im Zaum zu halten, wissen wir, daß diese Methode der vorhergehenden überlegen ist.

Jedoch hat auch dieser Weg gewisse Mängel und Schwierigkeiten. Da das geistige Selbst sich seit langem vom Körper abhängig gemacht hat und ihm sozusagen hörig geworden ist – eine tief verwurzelte, üble Gewohnheit –, fällt es ihm schwer, seine Aufmerksamkeit von den körperlichen und geistigen Wahrnehmungen abzuwenden.

Auch wenn man sich noch so sehr bemüht, zu beten und von Herzen andächtig zu sein, die Aufmerksamkeit wird erbarmungslos von den aufsässigen körperlichen Empfindungen und den aus der Erinnerung aufsteigenden flüchtigen Gedanken überfallen. Wenn wir beten wollen, sind wir oft ganz damit beschäftigt, die äußeren Bedingungen zu schaffen, die uns das Beten erleichtern sollen, und lassen uns nur allzu rasch von körperlichem Unbehagen ablenken.

Trotz unserer bewußten Anstrengungen tragen unsere schlechten Gewohnheiten, die uns zur zweiten Natur geworden sind, den Sieg über die Wünsche des Selbst davon. Gegen unseren Wunsch wird der Geist ruhelos, so daß man in abgewandelter Form zitieren kann: »Denn wo euer Geist ist, da wird auch euer Herz sein.« Es heißt, daß wir von ganzem Herzen zu Gott beten sollen; statt dessen aber werden Geist und Herz während des Betens von Sinneseindrücken und umherschweifenden Gedanken abgelenkt.

Dritte Methode: Der Weg der Meditation

Diese und die nachfolgende Methode sind rein wissenschaftlich; es handelt sich um eine praktische Schulung, wie sie von den großen Weisen, welche die Wahrheit in ihrem eigenen Leben verwirklicht haben, vermittelt wird. Ich selbst habe von einem solchen Weisen gelernt.

Diese Methoden sind weder geheimnisvoll noch gefährlich. Wenn man einmal richtig vertraut mit ihnen ist, wird man sie leicht meistern und sich von ihrem allgemeinen Wert überzeugen können. Das aus eigener Erfahrung gewonnene Wissen ist der beste Beweis für ihre praktische Anwendbarkeit.

Wenn wir uns täglich in der Meditation üben, bis sie zur festen Gewohnheit geworden ist, können wir uns in einen Zustand »bewußten Schlafs« versetzen. Dies ist der ruhige und wohltuende Zustand, den wir gewöhnlich kurz vor dem Einschlafen erleben, ehe wir in Bewußtlosigkeit versinken, und auch kurz nach dem Aufwachen, ehe wir zum Bewußtsein zurückkehren.

In diesem Zustand bewußten Schlafs haben wir vorübergehend alle Gedanken und körperlichen Wahrnehmungen abgeschaltet, und das Selbst hat Gelegenheit, über sich selbst nachzudenken; dabei erreicht es von Zeit zu Zeit einen glückseligen Zustand – je nachdem, wie tief und wie oft wir meditieren.

In diesem Zustand fühlen wir uns vorübergehend frei von allen körperlichen und geistigen Störungen, welche die Aufmerksamkeit des Selbst in Anspruch nehmen. Durch eine solche Meditation gewinnen wir also Herrschaft über die Sinne, weil wir dabei, ähnlich wie im Schlaf, die Empfindungsnerven zur Ruhe bringen.

Das ist aber erst der anfängliche und nicht der höchste Zustand der Meditation. Im bewußten Schlaf lernen wir nur unsere Sinne beherrschen. Der einzige Unterschied ist, daß im gewöhnlichen Schlaf die Sinne automatisch abgeschaltet sind, während sie in der Meditation durch unseren Willen überwacht werden.

In diesem anfänglichen Zustand der Meditation kann das Selbst jedoch noch leicht durch die autonomen und inneren Organe (wie Lunge und Herz) und andere Organe, von denen wir irrtümlicherweise annehmen, daß sie unserem Willen nicht unterliegen, abgelenkt werden.*

Wir müssen also eine wirksamere Methode als diese finden, denn solange das Selbst nicht wil-

---

* Es ist höchst selten, daß ein Mensch lernt, diese inneren Organe zur Ruhe zu bringen, eine Kunst, welche die großen Heiligen und Weisen meistern. Eben weil wir nicht glauben, daß sie unserem Willen unterliegen, überlasten wir sie, bis sie plötzlich streiken. Diesen plötzlichen Stillstand nennen wir »Tod« oder »Ewigen Schlaf«.

lentlich alle körperlichen Wahrnehmungen – und auch die inneren, welche Gedanken erzeugen – abschalten kann, sondern empfänglich für diese Störungen bleibt, hat es keine Aussicht, Herrschaft über sie zu gewinnen und sich selbst zu erkennen.

Vierte Methode:
Der wissenschaftliche Weg des Yoga

Paulus sprach: »*Ich sterbe täglich.*«[*] Damit meinte er, daß er Gewalt über seine inneren Organe hatte und sein Selbst willentlich vom Körper und Geist lösen konnte – ein Erlebnis, das dem durchschnittlichen, uneingeweihten Menschen erst im Tode zuteil wird, wenn das Selbst von der Last des verbrauchten Körpers befreit wird.

Unterzieht man sich dagegen einer regelmäßigen praktischen Schulung in dieser wissenschaftlichen Methode[**], kann man fühlen, wie sich das Selbst vom Körper löst, *ohne daß der Tod eintritt.*

---

[*]   1. Korinther 15, 31
[**] Die wissenschaftliche Methode, die hier und im restlichen Teil des Buches erwähnt wird, ist der *Kriya-Yoga,* eine uralte geistige Wissenschaft, die gewisse von Paramahansa Yogananda gelehrte Yoga-Meditationstechniken einschließt. Diese sind in den Lehrbriefen der *Self-Realization Fellowship* enthalten.

Ich will hier nur einen allgemeinen Begriff vom eigentlichen Vorgang und von der wissenschaftlichen Theorie geben, auf die jener sich gründet. Was ich hier niederschreibe, beruht auf eigener Erfahrung. Und ich kann sagen, daß es allgemeingültig ist. Ich kann ebenfalls mit Sicherheit behaupten, daß jeder, der diese Methode anwendet, in immer größerem Maße jene Glückseligkeit fühlen wird, die, wie zuvor erklärt, unser höchstes Ziel ist. Schon das Üben an sich ist ein höchst beglückendes Erlebnis, weit beglückender als alle Freuden, die unsere fünf Sinne und unser Verstand uns bereiten könnten.

Der einzige Beweis dieser Wahrheit, den ich geben will, ist der, den jeder Mensch durch eigene Erfahrung liefern kann. Je mehr Geduld man aufbringt und je regelmäßiger man übt, um so mehr fühlt man sich im Zustand immerwährender Glückseligkeit verankert.

Unsere hartnäckigen schlechten Gewohnheiten jedoch ziehen uns gelegentlich noch auf die körperliche Ebene hinab und rufen Erinnerungen wach, die in diese Stille einbrechen. Doch kann ich jedem, der regelmäßig und lange genug übt, garantieren, daß er schließlich den übersinnlichen Zustand der Glückseligkeit erreichen wird.

Wir sollten uns aber nicht mit eingebildeten Resultaten zufriedengeben, was dazu führen kann, daß man das Üben schon nach kurzer Zeit wieder aufgibt. Um wirkliche Fortschritte zu erzielen, muß man folgende Voraussetzungen mitbringen: Man muß dem geistigen Lehrstoff seine ganze Liebe und Aufmerksamkeit schenken; man muß Wissensdurst und echten Forschergeist haben; und man muß beharrlich üben und so lange durchhalten, bis das ersehnte Ziel erreicht ist.

Wenn man auf halbem Wege stehenbleibt und sein Üben nach kurzer Zeit wieder aufgibt, können sich die ersehnten Ergebnisse nicht einstellen. Ein Anfänger auf dem geistigen Weg, der sich im voraus die Erlebnisse der großen Meister und Propheten vorzustellen versucht, gleicht einem Kind, das sich ein Bild von den wissenschaftlichen Kenntnissen eines Doktoranden machen will.

Es ist bedauerlich, daß die Menschen so viel Zeit und Kraft aufwenden, um sich materielle Sicherheit zu verschaffen oder um über theoretische Fragen zu diskutieren, es aber selten der Mühe wert halten, geduldig nach jener Wahrheit zu forschen, die nicht nur das Leben lebenswert macht, sondern ihm auch einen tiefen Sinn gibt. Ihre Aufmerksamkeit wird mehr von falschen als von richtigen Zielen in Anspruch genommen.

Ich habe die oben erwähnte Methode viele

Jahre lang geübt, und je länger ich sie übe, um so fester fühle ich mich im Zustand unerschöpflicher Glückseligkeit verankert.

Wir dürfen nicht vergessen, daß das Selbst viele Zeitalter hindurch Sklave des Körpers gewesen ist und daß wir es nicht von heute auf morgen befreien können; auch können wir den höchsten Zustand der Glückseligkeit und Herrschaft über die inneren Organe nicht durch flüchtiges, unmethodisches Üben erreichen. Wir müssen uns darauf gefaßt machen, daß es ein langer Weg bis zum Ziel ist, der viel Geduld von uns erfordert.

Doch eines steht fest: daß jeder, der diese Methode anwendet, einmal den Bewußtseinszustand reiner Glückseligkeit erlangen wird. Je mehr wir üben, um so schneller können wir uns diese Glückseligkeit zu eigen machen. Wenn nur alle, die sich nach Glückseligkeit sehnen, diese große Wahrheit selbst zu erleben versuchten, denn sie ist unser aller Eigentum! Dieser Zustand ist keine Erfindung. Wir besitzen ihn bereits, wir brauchen uns seiner nur bewußt zu werden.

Sie sollten sich dieser Wahrheit nicht verschließen, ehe Sie sie nicht auf die Probe gestellt haben. Vielleicht sind Sie es müde, sich weitere Theorien anzuhören, von denen Ihnen bisher keine im Leben geholfen hat. Dies aber ist keine

Theorie, sondern erprobte Wahrheit. Ich möchte Ihnen eine Vorstellung von dem geben, was Sie tatsächlich erleben können.

Ich hatte das große Glück, diese erhabenen und wissenschaftlich fundierten Wahrheiten vor vielen Jahren von einem großen indischen Heiligen* zu lernen. Sie mögen sich fragen, warum ich Ihre Aufmerksamkeit so eindringlich auf diese Tatsache lenke, ob ich etwa einen selbstsüchtigen Beweggrund habe. Allerdings! Indem ich Ihnen diese Wahrheit vermittle, gewinne ich jene reine Freude, die aus dem Bewußtsein entsteht, anderen geholfen zu haben.

Physiologische Erklärung der wissenschaftlichen Methode

Nun möchte ich etwas näher auf die physiologischen Vorgänge eingehen, um diese Methode wenigstens in großen Zügen verständlich zu machen. Es handelt sich um die Tätigkeit von lebenswichtigen Zentren und um die elektrischen Ströme, die vom Gehirn in diese Zentren und von dort in die äußeren (Sinnes-) und inneren Organe geleitet werden und sie mit vibrierendem Leben erfüllen.

---

* Swami Sri Yukteswar, der Guru von Paramahansa Yogananda.

Es gibt sechs lebenswichtige Zentren, durch die das *Prana* (der Lebensstrom oder die lebenspendende Elektrizität)* vom Gehirn auf das ganze Nervensystem verteilt wird. Diese sind:

1. das Zentrum des verlängerten Marks
2. das Nacken-Zentrum
3. das Rücken-Zentrum
4. das Lenden-Zentrum
5. das Kreuzbein-Zentrum
6. das Steißbein-Zentrum

Das Gehirn (das höchste Zentrum) ist das elektrische Kraftwerk. Alle Zentren stehen miteinander in Verbindung und werden von diesem höchsten Zentrum (den Gehirnzellen) aus gesteuert. Die Gehirnzellen entladen den Lebensstrom, d. h. die Elektrizität, in diese Zentren, welche ihrerseits die verschiedenen motorischen und sensorischen Nerven mit Elektrizität versorgen; und diese wiederum veranlassen die jeweiligen Bewegungsimpulse oder Sinnesempfindungen (Tasten, Sehen usw.).

Dieser vom Gehirn ausgehende elektrische Strom bestimmt das Leben des ganzen Organismus (der inneren und äußeren Organe), und

---

* Die intelligenzbegabte Energie (*Prana* oder Lebenskraft), welche feiner als die Atomenergie ist und das Leben im Körper in Gang bringt und aufrechterhält.

durch dieses elektrische Medium erreichen alle unsere Sinneswahrnehmungen das Gehirn und rufen Gedanken hervor.

Wenn nun das Selbst die störenden körperlichen Wahrnehmungen (die auch Gedankenassoziationen erzeugen) ein für allemal ausschalten will, muß es Gewalt über die elektrischen Ströme haben und diese vom ganzen Nervensystem in die sieben lebenswichtigen Zentren (das Gehirn mit einbezogen) zurückziehen – ein Vorgang, der den äußeren und inneren Organen vollkommene Ruhe verschafft.

Im Schlaf wird die elektrische Verbindung zwischen Gehirn und Sinnesorganen teilweise unterbrochen, so daß die Sinnesempfindungen (Ton, Berührung usw.) das Gehirn nicht erreichen. Weil diese Unterbrechung aber nicht vollständig ist, kann ein starker Anreiz von außen die Verbindung wieder herstellen, so daß die Empfindung ins Gehirn dringt und den Menschen aufweckt. Die inneren Organe (Herz, Lunge u. a.) werden jedoch auch während des Schlafs ständig mit einem elektrischen Strom versorgt, damit sie weiterarbeiten können.

*Das Üben der wissenschaftlichen Methode
befreit von körperlichen
und geistigen Ablenkungen*

Da das Abschalten der elektrischen Lebenskraft während des Schlafs nicht vollkommen ist, können körperliches Unbehagen, Krankheit oder starke Anreize von außen eine Störung verursachen. Mit Hilfe einer bestimmten wissenschaftlichen Methode, die hier nicht näher erläutert werden soll, kann man sowohl die äußeren als auch die inneren Organe vollkommen in seine Gewalt bekommen. Das jedenfalls ist das Endergebnis dieser Übungsmethoden, wenn es auch viele Jahre dauern mag, ehe man eine derartige Herrschaft über den Körper erlangt hat.

Ähnlich wie die äußeren Organe durch den Schlaf, der ja Ruhe bedeutet, erfrischt werden, so werden auch die inneren Organe nach einer entsprechenden Ruhepause (wie man sie durch diese wissenschaftliche Übungsmethode erreicht) neu belebt; und das bedeutet erhöhte Leistungsfähigkeit und eine längere Lebensdauer.

Niemand fürchtet sich vor dem Einschlafen, einem Zustand, in dem die Sinne untätig sind, und ebensowenig braucht man sich vor dem »bewußten Sterben« zu fürchten, das die inneren Organe stillegt und uns zu Siegern über den Tod macht. Wenn dann die Zeit kommt, da dieser

Körper verbraucht ist, werden wir in der Lage sein, ihn aus freien Stücken zu verlassen. »Der letzte Feind, der vernichtet wird, ist der Tod.«[*]

Man kann diesen Vorgang an folgendem Beispiel erläutern: Solange die Telefondrähte der verschiedenen Stadtteile mit dem städtischen Fernamt verbunden sind, können die Menschen aus diesen Stadtteilen (kraft des elektrischen Stroms, der durch die Verbindungsdrähte fließt) jederzeit – auch gegen den Wunsch der Fernsprechverwaltung – Botschaften an die Zentrale schicken. Wenn das Fernsprechamt jegliche Telefonverbindung mit den verschiedenen Stadtteilen unterbinden will, muß es den elektrischen Hauptschalter ausdrehen, damit kein Strom mehr durch die Drähte fließen kann.

Ganz ähnlich verhält es sich mit der wissenschaftlichen Methode, die es uns ermöglicht, den Lebensstrom, der über die Organe und anderen Körperteile verteilt ist, in unsere *Zentrale* (Wirbelsäule und Gehirn) zurückzuziehen. Der Vorgang besteht in einem Magnetisieren der Wirbelsäule und des Gehirns (welche die sieben lebenswichtigen Zentren beherbergen), wodurch der über den ganzen Körper verteilte Lebensstrom in die ursprünglichen Kraftzentren zurückgezogen und als Licht erlebt wird. Wenn dieser

---

[*] 1. Korinther 15, 26

Zustand erreicht ist, kann man alle körperlichen und geistigen Zerstreuungen bewußt ausschalten.

Das Selbst kann also, um bei diesem Beispiel zu bleiben, auch gegen seinen Willen durch Telefonanrufe gestört werden, und zwar von den Gedanken (den »Vornehmen«) und den Körperempfindungen (den »gewöhnlichen Leuten«). Um die Verbindung mit ihnen abzubrechen, braucht das Selbst nur den elektrischen Strom, der durch die Telefondrähte in die Zentrale seines Hauses fließt, zu unterbinden, indem es den Schalter abdreht (d. h., indem es die vorher erwähnte Methode anwendet).

Es ist die Aufmerksamkeit, welche die Energie lenkt und verteilt und den elektrischen Lebensstrom aus dem Gehirn in die sensorischen und motorischen Nerven sendet. Wenn wir z. B. eine lästige Fliege fortscheuchen, leiten wir mit der Aufmerksamkeit elektrischen Strom durch die motorischen Nerven und rufen dadurch die gewünschte Handbewegung hervor. Ich führe dieses Beispiel an, um eine Vorstellung von jener Kraft zu geben, durch die man den elektrischen Strom des Körpers in seine Gewalt bekommen und in die sieben Zentren zurückziehen kann.

Diese sieben sternähnlichen (astralen) zerebrospinalen Zentren und ihre geheimnisvolle Funktion werden in der Bibel, im Buch der *Of-*

fenbarung, erwähnt. Als Johannes die Siegel der verborgenen sieben Zentren öffnete, stieg die Erkenntnis in ihm auf, daß er selbst GEIST sei. »Schreibe, was du gesehen hast ... Das Geheimnis der sieben Sterne.«*

Fortwährendes Üben der wissenschaftlichen Methode führt zum Bewußtsein der Glückseligkeit, d. h. zu Gott

Abschließend möchte ich noch etwas über die Bewußtseinszustände schreiben, die man erreichen kann, wenn man den elektrischen Strom *völlig* in seiner Gewalt hat. Zuerst hat man eine höchst angenehme Empfindung in der Wirbelsäule, wenn man sie magnetisiert. Und bei fortdauerndem, längerem Üben erreicht man einen Zustand bewußter Glückseligkeit, der jede körperliche Erregung neutralisiert.

Dieser glückselige Zustand ist unser aller Ziel – ein Ziel, das wir als lebensnotwendig bezeichnet haben, weil wir uns in diesem Zustand wirklich Gottes bewußt sind und eine Ausdehnung unseres wahren Selbst fühlen. Je öfter wir dies erleben, um so schneller überwinden wir unsere begrenzte Individualität und erreichen den Zu-

---

* Offenbarung 1, 19; 20

stand der Universalität, und um so inniger wird unsere Verbindung mit Gott.

Religion ist in Wirklichkeit nichts anderes als das Aufgehen der Persönlichkeit in der Allgemeinheit. Wer sich daher in diesem glückseligen Bewußtseinszustand befindet, hat die höchste Stufe der Religion erklommen. Er hat die ungesunde Atmosphäre der Sinne und vagabundierenden Gedanken hinter sich gelassen und die Region himmlischer Glückseligkeit erreicht.

Wenn wir es also durch beharrliches Üben so weit gebracht haben, daß dieser glückselige Bewußtseinszustand Wirklichkeit für uns geworden ist, leben wir ständig in der heiligen Gegenwart des glückseligen Gottes. Dann können wir auch unsere Pflichten besser erfüllen, denn wir lenken unsere Aufmerksamkeit mehr auf die Pflicht selbst als auf unser Ich mit all seinen Lust- und Schmerzgefühlen. Dann können wir das Rätsel des Daseins lösen und unserem Leben einen wahren Sinn geben.

In allen Religionen, sei es im Christentum, Islam oder Hinduismus, wird besonders eine Wahrheit hervorgehoben: Solange der Mensch nicht erkannt hat, daß er GEIST – die Quelle aller Glückseligkeit – ist, lebt er innerhalb der Grenzen seiner irdischen Vorstellungen und ist den unerbittlichen Naturgesetzen unterworfen. Erkenntnis seines wahren Wesens bringt ihm ewige Freiheit.

Wir können Gott nur dadurch erkennen, daß wir uns selbst erkennen, denn unser wahres Wesen gleicht dem Seinen. Gott erschuf den Menschen sich zum Bilde. Wenn Sie die hier erwähnten Methoden lernen und gewissenhaft üben, werden Sie sich selbst als glückseligen GEIST erkennen und Gott verwirklichen können.

Die in diesem Buch behandelten Wege schließen alle denkbaren Methoden ein, die zur Verwirklichung Gottes führen, nicht aber die Tausende und aber Tausende von konventionellen Regeln und untergeordneten Übungen, die von den sogenannten verschiedenen Religionen vorgeschrieben werden. Einige rühren nur von persönlichen Meinungsverschiedenheiten her und fallen daher nicht weiter ins Gewicht (obgleich sie einen gewissen Zweck erfüllen mögen), und andere ergeben sich von selbst, wenn man diese Methode anwendet, und brauchen daher im begrenzten Rahmen dieses Buches nicht näher erläutert zu werden.

Die wissenschaftliche Methode wirkt direkt auf die Lebenskraft ein

Die Überlegenheit dieser Methode besteht darin, daß sie genau auf das einwirkt, was uns an unser begrenztes Ich bindet: auf die *Lebenskraft*. Anstatt in das unendliche bewußte Selbst zurückzufließen und von ihm aufgenommen zu werden, verströmt sich die Lebenskraft ja meist nach außen, hält Körper und Geist ununterbrochen in Bewegung und die Seele durch körperliche Empfindungen und umherschweifende Gedanken in ständiger Unruhe.

Und weil die Lebenskraft nach außen strömt, stören und entstellen die Sinneswahrnehmungen und Gedanken das ruhige Ebenbild des Selbst oder der Seele. Diese Methode lehrt uns nun, die Lebenskraft nach innen zu lenken. Es handelt sich also um einen *direkten* Weg, der uns *unmittelbar* zum Bewußtseinszustand der Glückseligkeit führt und keinen Vermittler benötigt.

Die Lebenskraft wird nämlich dadurch beherrscht und gelenkt, daß man auf eine bekannte und unmittelbar mit ihr zusammenhängende Lebensäußerung einwirkt. Die anderen Methoden dagegen bedienen sich des Verstandes oder Denkvorgangs, um die Lebenskraft zu lenken und sich des Selbst, d. h. des Zustands der Glückseligkeit, bewußt zu werden.

Alle religiösen Methoden aber lassen erkennen, daß sie direkt oder indirekt, offen oder verschleiert die Beherrschung, Regulierung und Umkehrung der Lebenskraft anstreben, damit wir Körper und Geist überwinden und in den Urzustand des Selbst eingehen können. Die vierte Methode reguliert die Lebenskraft durch die Lebenskraft, während die anderen Methoden dies mittelbar, d. h. durch irgendeinen Vermittler, tun müssen – durch Gedanken, Gebete, gute Werke, Anbetung oder den »bewußten Schlaf«.

Leben bedeutet für uns Dasein, Abwesenheit von Leben Tod. Daher muß die Methode, die einem Gewalt über die Lebenskraft verleiht, von der alles Leben abhängt, die beste sein.

Die Weisen verschiedener Länder und Zeitalter haben verschiedene Wege beschritten und sich jeweils dem geistigen Fassungsvermögen und den Lebensbedingungen des Volkes, unter dem sie lebten, angepaßt. Einige haben besonders das Gebet hervorgehoben, andere an das Gefühl appelliert, wieder andere haben gute Werke, Nächstenliebe, tiefes Denken oder Meditation empfohlen. Ihr Beweggrund war jedoch immer der gleiche.

Sie alle wußten, daß man sein Bewußtsein über den Körper hinausheben kann, wenn man die Lebenskraft nach innen lenkt; sie alle wußten, daß man sein wahres Selbst finden muß, bis man es so klar widergespiegelt sieht wie die Sonne in einem stillen See. Alle ihre Vorschriften streben dasselbe Ziel an, das die vierte Methode direkt – d. h. ohne Hilfe eines Vermittlers – lehrt.

Diese Übungsmethode beeinträchtigt jedoch in keiner Weise die verstandesmäßige Entwick-

Paramahansa Yogananda – »Das letzte Lächeln«
Diese Aufnahme wurde am 7. März 1952, eine Stunde
vor seinem *Mahasamadhi* (dem endgültigen, bewußten
Verlassen seines Körpers) aufgenommen,
als er an einem Bankett zu Ehren des indischen
Botschafters Sri Binay R. Sen in Los Angeles teilnahm.

lung oder die körperliche Gesundheit und hindert einen auch nicht daran, ein nützliches Leben innerhalb der menschlichen Gesellschaft zu führen – ein Leben, das von den besten Gefühlen und Motiven regiert wird und bestrebt ist, der Menschheit zu helfen. Eine *allseitige* Schulung sollte sogar jedem empfohlen werden, denn sie fördert das Üben dieser Methode eher, als daß es sie erschwert. Verlangt wird nur, daß man sein Ziel nicht aus den Augen verliert. Dann wird einem alles, was man unternimmt, zum Vorteil gereichen.

Das wichtigste ist, daß man die geheimnisvolle Rolle der Lebenskraft, die den menschlichen Körper am Leben erhält und ihn mit Energie versorgt, voll und ganz versteht.

Glossar

Astralwelt: die herrliche Sphäre des Lichts und der Freude, in die Menschen mit einem gewissen geistigen Verständnis nach ihrem Tod gelangen, um sich weiterzuentwickeln. Höher noch als diese Welt ist die Kausal- oder Ideensphäre. Diese Welten werden im 43. Kapitel der *Autobiographie eines Yogi* beschrieben.

Atem: »Der Atem bindet den Menschen an die Schöpfung«, schrieb Yogananda. »Durch die Atmung fließen zahllose kosmische Ströme in den Menschen ein und machen seinen Geist ruhelos. Um sich dem ständigen Wechsel in der Welt der Erscheinungen zu entziehen und in die Unendlichkeit des GEISTES einzugehen, lernt der Yogi, seinen Atem durch wissenschaftliche Meditation zu beruhigen.«

Babaji: der Guru Lahiri Mahasayas (des Gurus von Swami Sri Yukteswar, der seinerseits der Guru Paramahansa Yoganandas war). Babaji ist ein unsterblicher Avatar, der verborgen im Himalaja lebt. Sein Titel lautet *Mahavatar* (»Göttliche Inkarnation«). Yoganandas *Autobiographie eines Yogi* vermittelt uns einen Einblick in sein christusähnliches Leben.

Bhagawadgita (»Gesang des Herrn«): die Hindu-Bibel; heilige Worte des Herrn Krischna, die vor Jahrtausenden von dem Weisen Vyasa zusammengestellt wurden. Siehe *Krischna*.

Christusbewußtsein: der Zustand, in dem man den GEIST in jedem Atom der Schöpfung wahrnimmt.

Egoismus: das Ich-Prinzip, *Ahamkara* (wörtlich: »Ich tue«), ist die eigentliche Ursache des Dualismus, der scheinbaren Trennung zwischen Mensch und Schöpfer. *Ahamkara* bringt die Menschen unter den Einfluß der *Maya* (s. d.), so daß das Subjekt (Ich) fälschlicherweise als Objekt erscheint und das Geschöpf sich für den Schöpfer hält.

Indem der Mensch das Ich-Bewußtsein überwindet, erwacht er und erkennt sein göttliches Wesen, seine Einheit mit Gott, dem einzigen Leben.

Geistiges Auge: das »einfältige« Auge der Weisheit, der *Prana*-Stern, die Tür, durch die der Mensch treten muß, um kosmisches Bewußtsein (s. d.) zu erlangen. Mitglieder der *Self-Realization Fellowship* lernen die Methode, die durch diese heilige Tür führt.

»Ich bin die Tür; wenn jemand durch mich eingeht, der wird gerettet werden und wird ein- und ausgehen und Weide finden.« *(Johannes 10, 9)* – »Wenn nun dein Auge einfältig ist, so ist dein ganzer Leib licht ... So schaue darauf, daß nicht das Licht in dir Finsternis sei.« *(Lukas 11, 34–35)*

Göttliche Mutter: »Jene Ausdrucksform des Unerschaffenen Unendlichen, die in der Schöpfung tätig ist, wird in den Hinduschriften als Göttliche Mutter bezeichnet«, schrieb Yogananda. »Von dieser persönlichen Ausdrucksform des Absoluten kann man sagen, daß Sie mit Sehnsucht auf das rechte Verhalten Ihrer Kinder warte und ihre Gebete erhöre. Wer glaubt, daß sich das Unpersönliche nicht in einer persönlichen Form ausdrücken könne, leugnet in Wirklichkeit Seine Allmacht und die Möglichkeit, daß der Mensch mit seinem Schöpfer in Verbindung treten kann. Gott erscheint Seinen wahren *Bhaktas* (Verehrern eines persönlichen Gottes) in greifbarer Gestalt: als Kosmische Mutter.

Der Herr offenbart Sich Seinen Heiligen in der Ausdrucksform, die ihnen besonders lieb ist. Ein frommer Christ sieht Jesus; ein Hindu schaut Krischna oder die Göttin Kali, oder – wenn er Gott als etwas Überpersönliches anbetet – ein sich ständig erweiterndes Licht.«

Guru: der geistige Präzeptor, der den Jünger zu Gott führt. Die Bezeichnung »Guru« unterscheidet sich insofern von dem Wort »Lehrer«, als man viele Lehrer, aber nur einen Guru haben kann.

Heiliger Geist: Siehe OM.

Intuition: der »sechste Sinn«; das Wissen, das unmittelbar und spontan der Seele entspringt und nicht auf die unzulängliche Vermittlung der Sinne oder des Verstandes angewiesen ist.

ji (sprich: dschi): eine Nachsilbe, die in Indien oft Eigennamen angehängt wird und Verehrung ausdrückt. Deshalb wird Paramahansa Yogananda in diesem Buch gelegentlich als Paramahansaji oder Yoganandaji bezeichnet.

Kali: mythologische Göttin der Hindus, die als ein Weib mit vier Händen dargestellt wird. Die erste Hand versinnbildlicht die schöpferischen Kräfte der Natur, die zweite

Hand die Kräfte, die den Kosmos erhalten, die dritte Hand ist ein Sinnbild der reinigenden Kräfte der Auflösung, und ihre vierte Hand streckt Kali in einer segnenden und erlösenden Gebärde aus. Durch diese Mittel ruft sie die gesamte Schöpfung zu ihrem göttlichen Ursprung zurück. Die Göttin Kali ist ein Symbol oder eine Ausdrucksform der Göttlichen Mutter (s. d.).

Karma: das ausgleichende Gesetz des Karmas ist, wie in den Schriften der Hindus erklärt wird, das Gesetz von Aktion und Reaktion, von Ursache und Wirkung, von Säen und Ernten. Die natürliche Gerechtigkeit sorgt dafür, daß jeder Mensch durch seine Gedanken und Handlungen zum Urheber seines Schicksals wird. Die Kräfte, die er durch seine weisen oder törichten Taten selbst in Bewegung gesetzt hat, müssen zu ihm als dem Ausgangspunkt zurückkehren und gleichen somit einem Kreis, der sich unerbittlich schließt. »Die Welt ähnelt einer mathematischen Gleichung, die sich stets ausgleicht, wie man sie auch dreht und wendet. Schweigend und unfehlbar wird jedes Geheimnis enthüllt, jedes Verbrechen bestraft, jede Tugend belohnt, jedes Unrecht wiedergutgemacht.« (Emerson in *Compensation* = Ausgleich.)

Kenntnis vom Gesetz des Karmas ermöglicht es dem menschlichen Geist, sich von seinem Groll gegen Gott und die Menschen zu befreien. Das Karma des Menschen folgt ihm Leben für Leben, bis es abgetragen oder geistig aufgelöst worden ist. Siehe *Wiedergeburt*.

Die Summe der Handlungen aller Menschen innerhalb einer Gemeinde, eines Landes oder der ganzen Welt erzeugt das Massenkarma, das örtliche oder auch weiterreichende Auswirkungen hat – je nach seiner Stärke und dem Überwiegen von Gut oder Böse. Die Gedanken und Handlungen eines jeden Menschen tragen deshalb zum Wohl oder Weh der ganzen Welt und aller Nationen bei.

kosmisches Bewußtsein: der Zustand, in dem man den GEIST jenseits der endlichen Schöpfung wahrnimmt.

Krischna: ein Avatar (s. d.) Indiens, dessen göttlicher Rat in der Bhagawadgita (s. d.) in allen Gottsuchern Ehrfurcht erweckt. In seiner Jugend war Krischna ein Kuhhirte, der seine Gefährten durch die Melodien seiner Flöte entzückte. In dieser Rolle stellt Krischna allegorisch die Seele dar, die auf der Flöte der Meditation spielt, um alle irregeleiteten Gedanken zur Herde der Allwissenheit zurückzuführen.

Kriya-Yoga: eine uralte Wissenschaft, die man in Indien entwickelte, um den Gottsuchern auf ihrem Weg zu helfen. Die Technik des Kriya-Yoga wird von Krischna in der Bhagawadgita und von Patandschali in den *Yoga-Sutras* erwähnt und gepriesen. Auch die SRF-Mitglieder lernen diese befreiende Wissenschaft, die den Übenden zum kosmischen Bewußtsein führt.

Lahiri Mahasaya (1828–1895): Guru von Swami Sri Yukteswar (s. d.) und Jünger von Babaji (s. d.). Lahiri Mahasaya belebte die aus alter Zeit stammende und fast verlorengegangene Wissenschaft des Yoga wieder und gab den praktischen Techniken den Namen *Kriya-Yoga*. Er war ein christusähnlicher Lehrer, der über große Wunderkräfte verfügte und als Familienvater auch berufliche Verantwortung trug. Seine Mission bestand darin, eine für den Menschen der Neuzeit geeignete Form des Yoga zu verbreiten, in welcher der richtige Ausgleich zwischen Meditation und der Erfüllung weltlicher Pflichten gefunden wird. Lahiri Mahasaya war ein *Yogavatar*, d. h. eine »Inkarnation des Yoga«.

Lehrbriefe der SRF: Zusammenfassung der Lehre Paramahansa Yoganandas. Sie werden den Mitgliedern und

Schülern der *Self-Realization Fellowship* regelmäßig zugesandt.

Maya: kosmische Täuschung; wörtlich »die Messende«. *Maya* ist die der Schöpfung innewohnende magische Kraft, die im Unbegrenzten und Unteilbaren scheinbare Begrenzungen und Teilungen hervorruft.

Sri Yogananda schrieb in seiner *Autobiographie eines Yogi:*

»Man glaube aber nicht, daß nur die Rischis die Wahrheit über *Maya* gekannt hätten. Die Propheten des Alten Testaments bezeichnen *Maya* als ›Satan‹ (auf hebräisch: der Gegner). Satan oder *Maya* ist der Kosmische Zauberer der eine Mannigfaltigkeit von Formen erzeugt, um die Eine formlose Wahrheit zu verbergen. In Gottes planmäßigem Spiel *(Lila)* hat Satan oder *Maya* nur eine Funktion: den Menschen zu prüfen, ob er sich vom GEIST zur Materie, von der Wirklichkeit zur Unwirklichkeit herabziehen läßt. Christus gab der *Maya* die drastische Bezeichnung Teufel, Mörder und Lügner. ›Denn der Teufel sündigt von Anfang. Dazu ist erschienen der Sohn Gottes, daß er die Werke des Teufels zerstöre‹« *(1. Johannes 3, 8).*

Mount-Washington-Zentrum: internationales Mutterzentrum der *Self-Realization Fellowship (Yogoda Satsanga Society* in Indien), das 1925 von Paramahansa Yogananda in Los Angeles gegründet wurde. Das hügelige Grundstück, von dem man auf die Stadtmitte herabblickt, umfaßt 17 Morgen Land. Im Hauptgebäude der Verwaltung werden die Räume Gurudewa Paramahansa Yoganandas als heilige Stätte bewahrt. Von diesem Mutterzentrum aus verschickt die *Self-Realization Fellowship* gedruckte Lehrbriefe (welche die Lehre Paramahansa Yoganandas enthalten) an die Mitglieder und veröffentlicht auch seine anderen Schriften und seine Vorträge in zahlreichen Büchern und in der vierteljährlich erscheinenden Zeitschrift *Self-Realization*.

Nirbikalpa-Samadhi: der höchste und unwiderrufliche Zustand der Gottvereinigung *(Samadhi)*. Der erste oder vorbereitende Zustand (durch Trance und Unbeweglichkeit des Körpers gekennzeichnet) wird *Sabikalpa-Samadhi* genannt.

OM oder AUM: der Ur-Laut, die universale symbolische Bedeutung für Gott. Das OM der Veden wurde zum heiligen Wort *Hum* der Tibetaner, *Amin* der Mohammedaner und *Amen* der Ägypter, Griechen, Römer, Juden und Christen. *Amen* bedeutet auf hebräisch *sicher, treu*. OM ist der alles durchdringende Laut, der vom Heiligen Geist ausgeht (der unsichtbaren Kosmischen Schwingung; Gott in Seiner Ausdrucksform als Schöpfer); das »Wort« in der Bibel; die Stimme der Schöpfung, welche die Göttliche Gegenwart in jedem Atom bezeugt. Wenn man die Meditationsmethoden der *Self-Realization Fellowship* übt, kann man das OM hören.

»Das sagt, der Amen heißt, der treue und wahrhaftige Zeuge, der Anfang der Kreatur Gottes.« – *Offenbarung 4, 14.* »Im Anfang war das Wort, und das Wort war bei Gott, und Gott war das Wort ... Alle Dinge sind durch dasselbe (das Wort oder OM) gemacht, und ohne dasselbe ist nichts gemacht, was gemacht ist.« – *Joh. 1, 1; 3*

Paramahansa: ein geistiger Titel für jemanden, der Meister seiner selbst geworden ist. Er kann einem Jünger von seinem Guru verliehen werden. *Paramahansa* bedeutet wörtlich »höchster Schwan«. In den heiligen Schriften der Hindus ist der Schwan ein Sinnbild geistiger Unterscheidungskraft.

Sadhu: jemand, der den geistigen Weg der Selbstdisziplin *(Sadhana)* beschreitet; ein Asket.

Samadhi: Überbewußtsein. *Samadhi* erreicht man, wenn man dem achtfachen Yogaweg folgt, dessen achte Stufe oder Endziel der *Samadhi* ist. Wissenschaftliche Meditation – richtige Anwendung der Yogatechniken, die in alter Zeit von den indischen Weisen entwickelt wurden – führt den Schüler zum *Samadhi*, d. h. zur Gottverwirklichung. So wie sich die Welle im Meer auflöst, so erkennt sich die menschliche Seele als allgegenwärtigen GEIST.

Sat-Tat-OM: Vater, Sohn und Heiliger Geist oder: Gott als transzendentes Kosmisches Bewußtsein *(nirguna,* »ohne Eigenschaften«) in der seligen Leere jenseits der Welt der Erscheinungen; Gott als immanentes Christusbewußtsein in der Schöpfung; und Gott als OM (s. d.), die Göttliche Schöpferische Schwingung.

Self-Realization Fellowship (SRF) (zu deutsch: Gemeinschaft der Selbst-Verwirklichung): eine gemeinnützige, überkonfessionelle, religiöse und pädagogische Organisation, die 1920 von Paramahansa Yogananda in Amerika gegründet wurde. Ihre Schwestergesellschaft in Indien ist die 1917 von Paramahansa Yogananda gegründete *Yogoda Satsanga Society (YSS).*

Self-Realization-Orden: der von Paramahansa Yogananda gegründete religiöse Orden. Nach einer angemessenen Schulung können geeignete Anwärter Mönche oder Nonnen des Ordens werden. Sie legen Gelübde der Einfachheit (Unabhängigkeit von Besitz), der Keuschheit, des Gehorsams (Bereitschaft, die vom Gründer Paramahansa Yogananda aufgestellten Lebensregeln zu befolgen) und der Treue ab (indem sie ihr Leben der *Self-Realization*

Fellowship, der von Paramahansa Yogananda gegründeten Organisation, weihen). Da Paramahansaji dem Giri-Zweig des von Swami Schankaratscharya gegründeten alten hinduistischen Mönchsorden angehörte, gehören auch alle Mönche und Nonnen des *Self-Realization*-Ordens, die das ewige Gelübde ablegen, diesem alten Orden Schankaras an. (Siehe »Swami«.)

Sri Yukteswar (1855–1936): Der große Guru Paramahansa Yoganandas; dieser nannte seinen Lehrer *Jnanavatar,* d. h. »Inkarnation der Weisheit«.

Swami: Angehöriger des ältesten Mönchsordens Indiens, der im 9. Jahrhundert von Swami Schankaratscharya reorganisiert wurde. Ein Swami legt das offizielle Gelübde der Keuschheit und des Verzichts auf weltlichen Ehrgeiz ab, um sich der Meditation und dem Dienst an der Menschheit zu widmen. Es gibt zehn verschiedene Zweige des Swami-Ordens mit Beinamen wie *Giri, Puri, Bharati, Tirtha, Sarasvati* und andere. Swami Sri Yukteswar (s. d.) und Paramahansa Yogananda gehörten dem Giri(»Berg«)-Zweig an.

Täuschung: Siehe *Maya.*

Veden: die vier heiligen Schriften der Hindus: *Rig-Veda, Sama-Veda, Jadschur-Veda und Atharwa-Veda.* Sie umfassen im wesentlichen Gesänge und Rezitationen. Unter den überaus zahlreichen Texten Indiens sind die Veden (von der Sanskritwurzel *vid* = wissen) die einzigen Werke, die keinen Verfasser aufweisen. Der *Rig-Veda* führt die Hymnen auf einen göttlichen Ursprung zurück und berichtet uns, daß sie aus »grauer Vorzeit« stammen und später in eine neue Sprache gekleidet wurden. Die vier *Veden,* die den *Rischis* (»Sehern«) von einem Zeitalter zum anderen offenbart wurden, sollen *nitjatwa* (»zeitlose Gültigkeit«) besitzen.

Wiedergeburt: die in den heiligen Schriften der Hindus dargelegte Lehre, daß der Mensch immer wieder auf dieser Erde geboren wird. Der Zyklus der Wiedergeburten endet dann, wenn der Mensch bewußt den Zustand eines Gottessohnes wiedererlangt hat. »Wer überwindet, den will ich machen zum Pfeiler in dem Tempel meines Gottes, und er soll nicht mehr hinausgehen.« – *Offenbarung 3, 12.* Kenntnis vom Gesetz des Karmas und seiner natürlichen Folge, der Wiedergeburt, geht aus vielen Bibelstellen hervor.

Die frühchristliche Kirche akzeptierte die Lehre von der Wiedergeburt, wie sie die Gnostiker und zahlreiche Kirchenväter – darunter Klemens von Alexandrien, der berühmte Origenes und der im 5. Jahrhundert lebende hl. Hieronymus – vertraten. Im Jahre 553 n. Chr. bezeichnete man diesen Glauben auf dem Zweiten Konzil von Konstantinopel zum ersten Mal als Irrlehre. Damals glaubten viele Christen, daß die Lehre von der Wiedergeburt dem Menschen zuviel Zeit und Spielraum lasse und ihn daher nicht genügend anspörne, sich sofort um Erlösung zu bemühen. Heute sind viele westliche Denker von der Lehre des Karmas und der Wiedergeburt überzeugt, weil sie in ihr das Gesetz der Gerechtigkeit erkennen, das den scheinbaren Ungerechtigkeiten des Lebens zugrunde liegt. (Siehe *Karma.*)

Yoga: wörtlich »Vereinigung« des Menschen mit seinem Schöpfer durch das Üben wissenschaftlicher Techniken, die zur Selbst-Verwirklichung führen. Die drei Hauptwege sind *Jnana-Yoga* (Weisheit), *Bhakti-Yoga* (Liebe) und *Radscha-Yoga* (der »königliche« oder wissenschaftliche Weg, der die Techniken des *Kriya-Yoga* einschließt). Der älteste vorhandene Text über die heilige Wissenschaft sind die *Yoga-Sutras* des Patandschali. Daten über Patandschalis Leben sind unbekannt, obwohl einige Gelehrte das zweite Jahrhundert v. Chr. angeben.

Yogi: einer, der Yoga übt. Er braucht kein offizielles Gelübde der Entsagung zu leisten; für den Yogi ist kennzeichnend, daß er täglich gewissenhaft wissenschaftliche Techniken übt, die ihn zur Erkenntnis Gottes führen.

Yogananda: Der Mönchsname Yoganandas besteht aus zwei Wörtern und bedeutet: *Ananda* (Glückseligkeit) durch »*Yoga* (Vereinigung mit dem GEIST)«.

Über den Autor

»Paramahansa Yogananda brachte in seinem Leben das höchste Ideal der Gottesliebe und des Dienstes an der Menschheit zum Ausdruck – obgleich er den größten Teil seines Lebens außerhalb Indiens verbrachte, gehört er zu unseren großen Heiligen. Sein Werk breitet sich mehr und mehr aus und wird zu einem immer helleren Licht, das den Menschen aller Länder auf einer Pilgerreise zu Gott den richtigen Weg weist.«

Mit diesen Worten ehrte die indische Regierung den Gründer der *Self-Realization Fellowship/Yogoda Satsanga Society of India* anläßlich der Herausgabe einer Gedenkbriefmarke am 7. März 1977, dem 25. Jahrestag seines Ablebens.

Paramahansa Yogananda begann sein Lebenswerk 1917 in Indien, wo er eine Knabenschule für richtige Lebensweise gründete, in der er moderne Erziehungsmethoden mit Yogaunterricht und geistigen Idealen verband. 1920 wurde er nach Boston eingeladen, wo er als Delegierter Indiens am internationalen Kongreß der religiösen Freidenker teilnahm. Seine darauf folgenden Vorträge in Boston, New York und Philadelphia wurden mit Begeisterung aufgenommen; 1924 unternahm er eine Vortragsreise durch die ganzen Vereinigten Staaten.

Während des nächsten Jahrzehnts reiste Paramahansaji

viel, hielt Vorträge und Ansprachen und führte Tausende in die Yoga-Wissenschaft der Meditation und eine ausgeglichene geistige Lebensweise ein. 1925 gründete er das internationale Mutterzentrum der *Self-Realization Fellowship* in Los Angeles. Heute wird das geistige und humanitäre Werk, das Paramahansa Yogananda begonnen hat, unter der Führung einer seiner größten Jüngerinnen, Sri Daya Mata (der Präsidentin der *Self-Realization Fellowship*), weitergeführt. Neben der Veröffentlichung von Paramahansa Yoganandas Schriften, Vorträgen und Ansprachen (einschließlich einer umfangreichen Serie gedruckter Lehrbriefe über die Wissenschaft der Kriya-Yoga-Meditation) verwaltet das Mutterzentrum die Tempel, Stätten der inneren Einkehr und Meditationszentren der *Self-Realization Fellowship* in allen Teilen der Welt und bildet Ordensleute aus. Ein weltweiter Gebetskreis dient dazu, denen, die der Gebetshilfe bedürfen, heilende Schwingungen zu senden und größeren Frieden und Harmonie zwischen allen Ländern herbeizuführen.

Quincy Howe jun., Ph. D., Professor für alte Sprachen am *Scripps College*, schrieb: »Paramahansa Yogananda brachte dem Westen nicht nur Indiens zeitlose Botschaft der Gottverwirklichung, sondern auch eine praktische Methode, mit der Wahrheitssucher aller Gesellschaftsschichten das ersehnte Ziel in absehbarer Zeit erreichen können. Obwohl das geistige Vermächtnis Indiens dem Westen zunächst abstrakt und unerreichbar schien, vermittelt es jetzt all denen, die Gott nicht erst im Jenseits, sondern hier und jetzt finden wollen, Übungsmethoden und eigene Erfahrung – Yogananda hat allen den Zugang zu den höchstentwickelten Methoden der Kontemplation geöffnet.«

Leben und Lehre Paramahansa Yoganandas werden in seiner *Autobiographie eines Yogi* beschrieben. Seit dieses Buch 1946 veröffentlicht wurde, ist es ein klassisches Werk auf diesem Gebiet geworden und wird heute an vielen Universitäten und höheren Schulen als Textbuch und Nachschlagewerk verwendet.

Wahrheitssucher, die an der Lehre Paramahansa Yoganandas und an seinen Lehrbriefen in deutscher Sprache interessiert sind, können einen kostenlosen Prospekt von der *Self-Realization Fellowship* anfordern (3880 San Rafael Avenue, Los Angeles, California 90065, USA).

Paramahansa Yogananda – ein Yogi im Leben und im Tod

Am 7. März 1952 ging Paramahansa Yogananda in Los Angeles (Kalifornien) in den *Mahasamadhi* ein (den endgültigen und bewußten Austritt eines Yogi aus seinem Körper). Unmittelbar zuvor hatte er auf einem Bankett zu Ehren des indischen Botschafters, Seiner Exzellenz Binoy R. Sen, eine Ansprache gehalten.

Der große Weltenlehrer bewies nicht nur während seines Lebens, sondern auch noch im Tode die Wirksamkeit des Yoga (der wissenschaftlichen Techniken der Gottverwirklichung). Noch Wochen nach seinem Hinscheiden leuchtete sein unverändertes Antlitz in einem göttlichen Glanz – unberührt von jeder Verwesung.

Harry T. Rowe, der Direktor des Friedhofs von *Forst Lawn Memorial Park* in Los Angeles (wo der Körper des großen Meisters vorübergehend beigesetzt ist), sandte der Gemeinschaft der Selbst-Verwirklichung eine beglaubigte Urkunde, der wir hier folgende Auszüge entnehmen:

»Das Ausbleiben jeglicher Verfallserscheinungen am Leichnam Paramahansa Yoganandas stellt den außergewöhnlichsten Fall in allen unseren Erfahrungen dar ... Selbst zwanzig Tage nach seinem Tod war kein Zeichen einer körperlichen Auflösung festzustellen ... Die Haut zeigte keinerlei Verwesungserscheinungen und das körperliche Gewebe keine Spuren von Austrocknung. Ein solcher Zustand von Unverweslichkeit ist, soweit uns aus Friedhofsannalen bekannt ist, einzigartig ... Als Yoganandas Körper eingeliefert wurde, erwarteten die Friedhofsbeamten, daß sich allmählich, wie bei jedem Leichnam, die üblichen Verfallserscheinungen einstellen würden. Mit wachsendem Erstaunen sahen wir jedoch einen Tag nach dem anderen verstreichen, ohne daß der in einem gläsernen Sarg liegende Körper irgendeine sichtbare Veränderung aufwies. Yoganandas Körper befand sich anscheinend in einem phänomenalen, unverweslichen Zustand ... Kein Verwesungsgeruch konnte während der ganzen Zeit an seinem Körper wahrgenommen werden ... Die körperliche Erscheinung Yoganandas war am 27. März, kurz bevor der Bronzedeckel auf den Sarg gelegt wurde, die gleiche wie am 7. März. Er sah am 27. März genauso frisch und vom Tode unberührt aus wie am Abend seines Todes. Es lag also am 27. März keine Veranlassung vor zu behaupten, daß sein Körper auch nur das geringste Zeichen der Zersetzung aufwies. Aus diesem Grunde möchten wir nochmals betonen, daß der Fall Paramahansa Yoganandas unseren Erfahrungen nach einzigartig ist.«

Das geistige Erbe
Paramahansa Yoganandas

Heute, ein Jahrhundert nach seiner Geburt, wird Paramahansa Yogananda als eine der überragendsten geistigen Persönlichkeiten unserer Zeit anerkannt; und der Einfluß seines Lebens und Werkes weitet sich immer mehr aus. Viele der religiösen und philosophischen Begriffe und Methoden, die er vor Jahrzehnten einführte, finden heute ihren Niederschlag in der Erziehung, Psychologie, in der Geschäftswelt, Medizin und anderen Bereichen und tragen in bedeutendem Maße dazu bei, von einer höheren geistigen Warte aus eine umfassendere, humanere Sicht vom menschlichen Leben zu vermitteln.

Die Tatsache, daß Paramahansa Yoganandas Lehre auf vielen Sachgebieten interpretiert und kreativ angewandt wird, unter anderem von den Vertretern verschiedener philosophischer und metaphysischer Bewegungen, beweist einerseits die weitläufige praktische Anwendbarkeit des von ihm Gelehrten; andererseits wird dadurch auch verständlich, daß Mittel und Wege gefunden werden müssen, um zu verhindern, daß dieses geistige Erbe im Laufe der Zeit verwässert, als Stückwerk aus dem Zusammenhang genommen oder entstellt wird.

Da sich immer mehr Informationsquellen auftun, die über Paramahansa Yogananda berichten, fragen sich manche Leser, woran sie erkennen können, ob eine Veröffentlichung sein Leben und seine Lehre richtig darstellt. Als Antwort auf diese Anfragen möchten wir erklären, daß Sri Yogananda die *Self-Realization Fellowship* zu dem Zweck gründete, seine Lehre in ihrer Ganzheit zu verbreiten und deren Reinheit für künftige Generationen zu sichern. Er wählte und schulte persönlich solche aus seinem engen Jüngerkreis, die zur Redaktion der *Self-Realization Fellowship* gehören, und gab ihnen genaue Richtlinien für die Zusammenstellung und Veröffentlichung seiner Vorträge, Schriften und der *Self-Realization*-Lehrbriefe. Die Mitglieder der SRF-Redaktion halten diese Richtlinien heilig, damit die universelle Botschaft dieses geliebten Weltlehrers in ihrer ursprünglichen Kraft und Echtheit erhalten bleibt.

Der Name »Self-Realization Fellowship« und das SRF-Emblem (siehe unten) stammen von Sri Yogananda selbst, denn auf diese Weise wollte er die von ihm gegründete Organisation kennzeichnen, die sein weltweites geistiges und humanitäres Werk weiterführt. Sie erscheinen auf allen Büchern, Kassetten, Videokassetten, Filmen und anderen Veröffentlichungen der *Self-Realization Fellowship* und geben dem Leser die Gewißheit, daß das Werk von der Organisation stammt, die Paramahansa Yogananda gründete, und seine echte Lehre enthält – so wie er sie zu veröffentlichen beabsichtigte.

Ziele und Ideale der Self-Realization Fellowship (Yogoda-Satsanga Society of India)

dargelegt von ihrem Gründer
Paramahansa Yogananda

Sri Daya Mata, Präsidentin

Menschen aller Nationen mit bestimmten wissenschaftlichen Techniken bekannt zu machen, die zur unmittelbaren, persönlichen Gotterfahrung führen;

zu lehren, daß der Sinn des Lebens in der Höherentwicklung des begrenzten menschlichen Bewußtseins liegt, bis es sich aus eigener Kraft zum Bewußtsein Gottes erweitert, und zu diesem Zweck Tempel der *Self-Realization Fellowship* in aller Welt zu errichten, in denen wahre Gottverbundenheit gepflegt wird, und die Menschen außerdem anzuregen, sich in ihrem eigenen Heim und Herzen einen Tempel Gottes zu schaffen;

darzulegen, daß zwischen dem ursprünglichen, von Jesus Christus gelehrten Christentum und dem ursprünglichen, von Bhagavan Krischna gelehrten Yoga im wesentlichen Übereinstimmung herrscht und daß die grundlegenden Gesetze der Wahrheit die wissenschaftliche Basis aller echten Religionen bilden;

auf den schnellsten Weg zu Gott hinzuweisen, in den alle wahren religiösen Wege schließlich einmünden: den Weg täglicher, wissenschaftlicher und von Hingabe erfüllter Meditation über Gott;

die Menschen von ihrem dreifachen Leiden – körperliche Krankheit, geistige Unausgeglichenheit und seelische Blindheit – zu befreien;

die Menschen zu einem einfacheren Leben und tieferen Denken anzuregen und zwischen allen Ländern der Erde einen Geist wahrer Brüderlichkeit zu fördern, welcher der Erkenntnis entspringt, daß alle Menschen Kinder des einen Gottes sind;

die Überlegenheit des Geistes über den Körper und der Seele über den Geist zu beweisen;

Böses durch Gutes, Leid durch Freude, Grausamkeit durch Güte, Unwissenheit durch Weisheit zu besiegen;

Wissenschaft und Religion durch die Erkenntnis, daß die Natur und ihre Gesetze von einem göttlichen Geist regiert werden, miteinander in Einklang zu bringen;

eine tiefere Verständigung und einen besseren geistigen Austausch zwischen Morgen- und Abendland zu schaffen;

der ganzen Menschheit als dem eigenen, erweiterten Selbst zu dienen.

*Werke von Paramahansa Yogananda
und seinem Meister Sri Yukteswar
im Otto Wilhelm Barth Verlag*

Paramahansa Yogananda: *Autobiographie eines Yogi*, überarbeitete Neuausgabe 1993, 528 Seiten, 40 Abbildungen.

Paramahansa Yogananda: *Religion als Wissenschaft*, überarbeitete Neuausgabe 1993, 120 Seiten.

Paramahansa Yogananda, *Wissenschaftliche Heilmeditationen*, überarbeitete Neuausgabe 1995, 120 Seiten.

Paramahansa Yogananda: *Worte des Meisters*, überarbeitete Neuausgabe 1993, 120 Seiten.

Jnanavatar Swami Yukteswar Giri: *Die Heilige Wissenschaft*, überarbeitete Neuausgabe 1993, 128 Seiten.

Knaur®

SPIRITUELLE WEGE

Band 1
TAO
(86051)

—◆—

Band 2
DIE BOT-
SCHAFT JESU
(86056)

—◆—

Band 3
I GING
(86053)

—◆—

Band 4
Rumi
OFFENES
GEHEIMNIS
(86064)

—◆—

Band 5
CHASSIDISCHE
WEISHEIT
(86073)

—◆—

Band 6
DER
WEG EINES
PILGERS
(86057)

Band 7
Paramahansa
Yogananda
DAS WISSEN
DER MEISTER
(86071)

—◆—

Band 8
Swami
Prabhavananda
DIE BERG-
PREDIGT IM
LICHTE DES
VEDANTA
(86067)

—◆—

Band 9
WHITE
EAGLE
Lesebuch
(86072)

—◆—

Band 10
Joachim
Pongratz
QI-GONG
IM ALLTAG
(86075)